Le Roi Louis II de Bavière dans la poésie française

Luc-Henri ROGER

© 2020 Luc-Henri Roger

ISBN 9782322208371

Dépôt légal : mars 2020

Source des dessins du Roi Louis II (couverture) et de Richard Wagner (p.140) : *Le Petit Journal*, supplément du dimanche, 27 juin 1886.

Edition : BoD – Books on Demand, 12/14 rond-point des Champs-Elysées, 75008 Paris – France

Impression : BoD – Books on Demand, Norderstedt, Allemagne.

À Daniel Dumont, qui comme le Roi,
aimait les uniformes, in memoriam.
Ad maiorem Ludovici gloriam.

Remerciements

À Madame Renée-Fidji Pelsmaekers, filleule et légataire du poète belge Robert Goffin, qui nous a permis de reproduire ici Le Roi des Cimes, *la belle fresque poétique que son parrain publia en 1939, tout en nous prodiguant ses encouragements bienveillants pour cette publication.*

À la journaliste culturelle et autrice Léa Loodgieter qui nous a fait découvrir la chanson poétique que Nicole Louvier dédia au Roi Louis II, qu'elle a elle-même récemment analysée dans une passionnante étude intitulée Les dessous lesbiens de la chanson.

À la poétesse Barbara Bigot-Frieden et au poète Georges Zouba, les plus contemporains des poètes ludwiguiens, qui nous ont autorisé à reproduire leurs poèmes et ont bien voulu les accompagner de leurs commentaires.

Toute ma reconnaissance va enfin au Dr Philippe Dieu de Bordeaux qui m'a offert ses bons soins de correcteur pour la relecture de ce livre et soutenu de la chaleur de son amitié pendant toute la durée de la composition. Enfin, last but not least, nous remercions vivement Marco Pohle qui nous a apporté son précieux soutien moral quotidien et son expertise technique pour la mise en page de cet ouvrage.

J'ai seul le mot de passe qui m'ouvrira tous les univers.
Aucune patrie humaine n'est à la mesure de mon rêve

> Robert Goffin, *Le Roi des Cimes.*

Combien d'êtres normaux d'une anormale vie
Ayant atteint aux plus hauts sommets du génie
Ne démontraient-ils pas au troupeau social
Que la perfection pouvait naître du mal

> Robert Goffin, *L'envers du feu*, p.14

Comment eussé-je rougi de ma passion
Quand je compris qu'on est toujours l'exception
De celui qui vous juge en vertu de lui-même
Et je fus indifférent à tout anathème

> Robert Goffin, *L'envers du feu*, p.19

Louis II est vraiment un roi, mais roi de lui-même et de son rêve.

> Gabriele d'Annunzio, *Les Vierges aux rochers.*

Est-ce Wagner qui fait Louis II, ou Louis II qui crée Wagner ? On ne fait plus la différence, tout est dans le même mouvement.

> Hubert Juin, préface à la réédition du *Roi Vierge*

Avant-propos

La légende protéiforme du Roi de Bavière

« Le Roi Louis II de Bavière fut une légende plus qu'un souverain. » Cette affirmation est du critique Hubert Juin qui préfaça en 1986 la réédition du *Roi Vierge* de Catulle Mendès. Nous ajouterons au propos que si la légende de Louis II se constitua tout au long de son règne et jusqu'à ce jour, elle est complexe et protéiforme. La réception française de son personnage connut bien des métamorphoses selon le regard que les commentateurs et les écrivains projetèrent sur lui. Il eut et a aujourd'hui encore de fervents adulateurs et autant de détracteurs qui se plurent et se plaisent parfois encore à le déchirer à belles dents. Mais si sa vie, son règne et son œuvre furent jugés très différemment, il ne laissa jamais indifférent.

Lors de son accession prématurée au trône en 1864, Louis II n'avait que dix-huit ans. La mort soudaine du Roi Maximilien II transforma ce jeune prince de grande taille, élancé et élégant en un Roi de conte de fées dont l'apparition ravissait tous ceux et celles qui l'apercevaient. La presse s'en empara et modèla le jeune Roi en un personnage de rêve qui faisait battre les cœurs. La Bavière s'enflamma pour son nouveau souverain.

Catulle Mendès fut le premier écrivain français à faire de Louis II le personnage central d'un roman qui en France contribua largement à la légende du Roi. Il avait eu l'occasion de l'observer alors qu'il se trouvait à Munich à l'été 1869 pour y assister à la création de l'*Or du Rhin* de Richard Wagner. Il en dressa alors un portrait des plus élogieux en introduction d'un article consacré à l'exposition des Beaux-Arts de Munich, qu'il publia dans *L'Artiste*[1] :

> Un conte de fées, invraisemblable et charmant ! Dans cent ans, ceux qui le conteront seront traités de songe-creux. « Il y avait une fois, dira quelque poëte épris des temps passés, il y avait une fois un roi qui était jeune, bien qu'il eût déjà vingt-quatre ans. Parce que tout devait être frais et printanier autour de lui, il était né dans un burg qui était appelé le Burg des Nymphes[2], et il avait eu pour gouverneur un savant homme qui se nommait le comte La Rosée[3]. Il n'était ni dédaigneux ni ennuyé, quoiqu'il fût puissant et que tous les plaisirs s'offrissent à lui. Beau, il l'était au point de troubler les rêves de toutes les jeunes filles de son royaume, mais il ne troublait que leurs rêves. Les fées-marraines qui l'entourèrent dès le berceau lui avaient donné cette rare et admirable faculté : l'intelligence du Beau. Tous les arts lui furent chers. Sous les grands arbres d'un parc, ou dans la solitude discrète d'une salle aux tentures bleues, il employait de longues heures à relire les poëtes aimés. Il lisait bien, en s'interrompant quelquefois, ainsi que lisent les rêveurs. Il raffolait des belles peintures. Souvent il montrait à un peintre quelques vers d'un poëte, et lui disait « Peignez cela. » De là des tableaux puissants ou charmants. Il aimait à monter à cheval dans les montagnes. Ceux qui le voyaient passer, ceux-là mêmes qui ne le reconnaissaient pas, criaient : « Vive le Roi ! » à cause de sa haute taille et de son front superbe et doux. Il habitait des burgs enchantés, tantôt sur les bords d'un lac où se mirent des collines, tantôt dans les gorges verdoyantes et neigeuses d'un mont. Parce qu'il aimait le beau, il faisait le bien. Sa clémence domptait les méchants. Il avait une façon de parler, qui était cause qu'on l'aimait. Il était la bonté, de même qu'il était la beauté.

---

[1] « Le salon universel de Munich », in *L'Artiste* du 1er septembre 1869.
[2] Le château de Nymphenburg, résidence d'été des rois de Bavière, aux abords de Munich.
[3] Le comte Theodor Basselet von La Rosée fut précepteur des princes Louis et Othon.

Un jour, il avait disparu ; on le chercha longtemps ; on le trouva dans un village lointain, attablé chez une vieille femme qui avait été sa nourrice. Ainsi vivait ce jeune duc Thésée. Mais ni sa passion pour l'art, ni les soins de la charité ne le détournaient des affaires de l'État. Quand il monta sur le trône, la situation était sombre autour de lui ; il l'éclaircit. Ses ministres, gens habitués aux affaires, s'étonnaient de l'expérience de ce jeune homme. Avait-il longtemps étudié les choses politiques ? On ne savait. Mais il résolvait sans effort les questions les plus difficiles. Il voyait au loin, comme un jeune aigle. Et ses peuples l'adoraient parce qu'il était beau, l'aimaient parce qu'il était bon, le respectaient parce qu'il était juste. Ainsi, dans cent ans, parlera quelque poëte amoureux des légendes, et on lui répondra « Vous voulez rire ! Un tel roi n'a jamais existé ». On aura tort. Il existe, et c'est lui qu'on nomme Louis II, roi de Bavière.

Le panégyrique de Catulle Mendès n'est en 1869 que l'avers d'une médaille qui connaît déjà bien des revers. Le journaliste Albert Wolff, qui écrivait pour le *Figaro*, se trouvait lui aussi à Munich en septembre 1869 et eut lui aussi l'occasion d'observer le roi. Voici ce qu'il en écrivait dans sa « Gazette de partout[1] » :

> [...] le peuple bavarois trouve que son roi s'occupe trop de Richard Wagner et pas assez de son pays ; il assiste beaucoup plus aux répétitions de son ami qu'aux conseils de ses ministres ; le peuple pense que la musique est un art sublime, mais qu'un roi n'est pas un chef d'orchestre, et que, dans un Etat, si petit qu'il soit, le souverain doit s'occuper d'autre chose que de la mise en scène de *Rheingold*. On n'ignore pas dans cette petite capitale que deux ou trois fois par semaine les ministres courent en vain après leur roi, qui a trouvé bon d'aller serrer la main de Wagner, au lieu de s'occuper des affaires publiques ; on n'a pas encore oublié

---

[1] Albert Wolff, *Gazette de partout*, in *Le Figaro* du 15 septembre 1869.

qu'en 1866, l'aide de camp chargé d'apprendre au roi la défaite d'un corps bavarois trouva, après quatre jours de recherches, son souverain en train de chanter avec Wagner un duo de *Tristan et Iseult* ; enfin, le bourgeois de Munich voudrait que le roi, trop absorbé par la musique de l'avenir, songeât à l'avenir de sa dynastie et qu'il donnât à son pays un héritier plus ou moins présomptif de la couronne. Tout ceci peut paraître sérieusement bête aux admirateurs de Wagner, mais quand on apporte un peu de bon sens dans la discussion, on ne peut pas nier qu'il y ait un grand fonds de logique dans le raisonnement du bourgeois de Munich, car s'il suffisait d'aimer la musique pour bien gouverner, on pourrait confier les destinées de la Bavière à Louis, le garçon de bureau de l'Opéra.

Donc, dans ce petit pays, les esprits s'inquiètent de l'état de choses. Le jeune roi Louis II, qui consacre tout son temps à Wagner, ne leur semble pas remplir la mission divine qu'il tient de ses pères et du bon Dieu, et comme, au fond, la peuple a beaucoup de sympathie pour l'enfant qui le gouverne et qu'il considère sa mélomanie comme un état maladif, il maudit la musique de l'avenir, qui a produit ce désastreux effet sur le cerveau du jeune souverain. Le peuple bavarois commence à s'inquiéter ; il se demande qui le gouvernera à la mort du roi ; il voit à l'horizon se dessiner la silhouette de M. de Bismark [sic] ; il voudrait que le roi s'occupât de sa progéniture, et Louis II se montre rebelle à ce devoir suprême d'un roi. On lui a amené les plus belles princesses ; une fois même il a été sur le point de se marier, mais, la veille du mariage, un chambellan s'est présenté chez le beau-père et lui a annoncé que tout était rompu de par le gendre, qui suivait les répétitions des *Maîtres chanteurs* au moment où sa future répétait généralement avec une couronne de fleurs d'oranger dans les cheveux. […]

Le hasard m'a fait voir le jeune roi de Bavière. Comme je passais devant le palais, je vis une foule énorme autour d'un magnifique carrosse qui attendait à la petite porte de l'entrée des artistes. Le roi allait descendre, et à une fenêtre du premier étage se montrait un chambellan […]

Louis II nous apparut dans toute sa majesté. C'est un grand jeune homme, d'une taille élevée, à la figure très-sympathique. La raie qu'il porte au milieu de la tête donne à ses traits un faux air de gandin ; des moustaches à peine naissantes ornent sa lèvre royale [...]

Toujours précédé de son capitaine des gardes, Louis II, en tenue d'officier d'infanterie, traversa la salle où, du haut de leurs cadres, les ancêtres contemplaient avec une expression de pitié, leur jeune successeur qui marchait sur les talons et nous salua par un mouvement sec de la tête comme un roi mécanique qui aurait un ressort de montre dans le ventre ; toute l'expression de sa figure est d'une douceur séduisante, mais dans les yeux du royal enfant on lit la terrible maladie qui le ronge et qui annonce l'ennui.

Oui, ce roi que l'on a mis sur un trône à l'âge où d'autres courent l'aventure, ce jeune garçon sur la tête de qui on a posé une couronne, cet enfant qui ne sait rien de la vie, s'ennuie dans le vaste château de ses pères, et la nuit, quand ses courtisans dorment, il demande un cheval et erre dans la campagne silencieuse et déserte, à la recherche de l'imprévu, comme un gendarme à la recherche d'un malfaiteur ; Louis II a le spleen ; des enchantements de la vie, il n'a encore connu que la musique, et il lui a donné son âme tout entière ; c'est en cherchant à découvrir dans les partitions de Wagner les mélodies infinies que cet adroit musicien sait si bien cacher, que le roi de Bavière oublie son ennui et son trône et se plonge dans des rêveries sans fin ; la musique de Wagner, c'est son opium, et, comme ce poison, elle donne les hallucinations de l'esprit en même temps qu'elle dévaste le corps. Il suffit d'entrevoir un instant le jeune roi pour lire dans son regard les extravagances de sa pensée et pour comprendre l'empire que pouvait prendre sur ce jeune esprit le musicien de l'avenir qui sut entraîner le cerveau de ce royal enfant dans les régions mystiques de son art.

Perdu dans cette froide et mélancolique ville de Munich que son aïeul Louis Ier a doté d'une foule de contrefaçons de monuments antiques comme un bourgeois qui ferait construire un Parthénon dans son antichambre, le jeune roi de Bavière s'ennuie à outrance ; de temps en temps il s'échappe de son palais comme un écolier qui fait l'école buissonnière et court les champs sans se soucier de l'inquiétude que ses absences prolongées propagent au sein de son conseil des ministres. [...]

Cinq ans après son accession au trône, Louis II ne fait plus l'unanimité, le prince charmant a fait place à un roi wagnérien qui aux yeux d'un grand nombre s'occupe davantage de musique que de politique et n'assume pas les obligations de la fonction royale : se marier, donner un héritier au trône et s'occuper des affaires de l'Etat. Les dépenses somptuaires consenties en 1864 et 1865 en faveur du compositeur Richard Wagner, le projet de construction d'un théâtre wagnérien à Munich dont le coût estimé était considérable, la défaite de la Bavière alliée de l'Autriche lors de la guerre austro-prussienne de 1866, la rupture des fiançailles avec sa petite cousine Sophie-Charlotte en 1867, le retrait du roi dans une vie de plus en plus solitaire, tout cela avait contribué à ternir l'image d'un roi pourtant chéri par son peuple.

Au regard de la presse française, les particularités de Louis II devaient dans les années suivantes continuer de l'emporter sur l'image féérique. La guerre franco-allemande de 1870-1871 et la défaite française allaient installer un climat germanophobe qui incluait la Bavière dont le Roi semblait s'être soumis au joug prussien au moment de la proclamation de l'empire allemand. Et ce fut avec une curiosité parfois indignée que l'on vit le Roi Louis II venir visiter Versailles, au grand dam d'ailleurs de la diplomatie berlinoise, et demander qu'on y fît jouer les grandes eaux. C'est que le Roi, en dépit de la récente guerre, était profondément francophile, fasciné par la France des Bourbons au point de s'être inspiré de Trianon pour son château de Linderhof et de vouloir plus tard ériger un nouveau Versailles sur une île du Chiemsee.

En 1872, Edmond de Goncourt en visite à Munich notait dans journal une série de remarques qui rendent bien compte de la perception que l'un pouvait avoir du Roi à l'étranger :

> Joli royaume pour un conteur fantastique, que ce royaume, qui a pour roi ce toqué solitaire et taciturne, vivant dans un monde imaginaire, créé autour de lui à grand renfort de millions. C'est lui, qui s'est fait machiner, pour sa chambre à coucher, un clair de lune d'opéra, supérieur à tous les clairs de lune, de main d'homme, — un clair de lune qui a coûté 750 000 francs. C'est lui qui s'est fait construire, sur le toit de la Vieille Résidence, un lac, où il vogue dans une barque, en forme de cygne, le long d'une chaîne de l'Himalaya, coloriée par un peintre allemand. Pauvre prince, mélancolique personne royale, dont la douce folie fuit son temps et son pays, pour se réfugier dans du passé, dans du moyen âge, dans de l'exotique. Pauvre prince, amoureux aussi des grands siècles français de Louis XIV et de Louis XV, forcé de travailler à la ruine de la France, sous le commandement de M. de Bismarck, qu'il déteste. Pauvre souverain, réduit à dire au chargé d'affaires de la France : « Je fais des vœux pour la restauration de la grandeur de la France, et je suis heureux de vous dire cela, sans que cela tombe dans des oreilles prussiennes. »

Par la suite la presse française commenta régulièrement les fantaisies et les bizarreries de ce souverain plus intéressé par les arts que par la politique, qu'il avait prise en horreur. Et bientôt la mention de la folie du Roi l'emporta sur celle de ses excentricités, et, au moment de sa destitution, ne fut pas mise en question par les journalistes parisiens. Lorsque sa mort fut annoncée, ce furent les thèses de la folie et du suicide qui prévalurent. Tout au plus certains journaux évoquèrent-ils la responsabilité de Bismarck et de ses agents : c'est sous leur influence que le Roi s'était vu confiné, son goût pour l'isolement n'était pas vraiment volontaire, c'était davantage le résultat d'une conspiration qui avait favorisé ses ambitions de grand bâtisseur et l'avait laissé s'enfermer dans ses lubies pour mieux l'écarter du pouvoir.

Ainsi la légende du prince charmant des premiers rois du règne avait-elle cédé la place à celle du roi fou.

Il fallut la mort tragique du Roi pour que sa légende commençât à se transformer. Ce furent surtout les poètes qui contribuèrent à redorer une image que la presse avait fort ternie. Ce fut Verlaine qui peu de temps après sa mort lui rendit le premier hommage en proclamant Louis II « le seul vrai roi de ce siècle », un poème publié dans la *Revue wagnérienne* qui devait rendre l'image du roi indissociable de celle de la musique de son compositeur, comme le firent aussi, en 1892, les poèmes des *Chauves-Souris* de Robert de Montesquiou et par la suite le grand poème que lui dédia Louis Le Carbonnel. Un siècle plus tard, le critique et poète Hubert Juin devait se demander : « Est-ce Wagner qui fait Louis II, ou Louis II qui crée Wagner ? On ne fait plus la différence : tout est dans le même mouvement. »

Les poètes magnifieront le roi artiste et musicien et en donneront une image idéalisée. La sensibilité exacerbée de Louis II, son individualisme, son penchant à rompre les règles et à refuser les contraintes, son dédain et son exaspération face au sérieux hypocrite affiché des milieux bourgeois et politiques lui conféreront un caractère héroïque aux yeux des poètes symbolistes et décadents de la fin du siècle. C'est ce qu'exprime fort bien Maurice Barrès dans son roman *L'ennemi des lois* : « Cet emportement hors de son milieu natal, cette ardeur à rendre tangible son rêve, cet échec de l'imagination dans la gaucherie de l'exécution, c'est moins un cas particulier à Louis II que le caractère d'une des plus nobles familles humaines. »

Ainsi les reproches que l'on adressait autrefois au Roi deviennent-ils sous la plume des poètes et des romanciers des vertus qu'ils exaltent. Le Roi a eu l'illumination wagnérienne et a permis au génie du compositeur de s'épanouir ; bâtisseur, il a fait jaillir du sol de splendides châteaux, fussent-ils des tours d'ivoire. Et même ses inclinations homoérotiques, autrefois stigmatisées comme une perversion innommable qui avait contribué à son isolement et à sa folie, reçoivent droit de cité chez Paul Verlaine qui évoque ce « roi vierge au grand cœur pour l'homme seul battant », chez Robert de Montesquiou qui en fait un « despote féminin, monstrueusement vierge et chastement obscène, hermaphrodite beau, Narcisse légendaire ». Il est « le roi sans reine » d'Apollinaire, qui couche « de fausses femmes » dans son lit, « ni fille ni garçon » pour Robert Goffin, avec « des yeux échappés au cloisonnement humain, des mains étanches faites pour caresser les chairs mitoyennes ». Il inspire des sentiments de sororité à Nicole Louvier, chanteuse lesbienne affirmée. Plus récemment Georges Zouba a évoqué le narcissisme du roi prenant la pose devant ses miroirs et la « démesure de ses désirs d'homme ».

Louis II se voulut-il spectacle, comme le prétendit Jean Cocteau dans *L'Aigle à deux têtes*, un de ces « grands comédiens sans théâtre, poussés sur le théâtre du monde vers un dernier acte funeste et qu'ils veulent funeste et qu'ils écrivent de leurs propres mains ? » Cette question sans réponse, — et que jamais Louis II n'aurait admis qu'elle lui fût posée, — vient elle aussi alimenter la légende de de roi qui dans une lettre à l'actrice Marie Dahn-Hausmann se présenta comme voulant « rester une énigme pour lui-même comme pour les autres. »

Les œuvres des poètes et des romanciers d'expression française qui ont remodelé la légende du roi dans l'imaginaire populaire devaient donner par la suite bien du fil à retordre aux historiens qui allaient s'attacher à reconstruire un portrait plus réaliste du roi. Jacques Bainville, un des premiers historiens français à s'y employer, dut s'attaquer à cette « débauche de littérature », — ce sont ses mots — et d'ajouter : « Et la vérité nous oblige à dire qu'on ne trouve rien de pareil, à l'analyse, dans la vie sans direction, dans les songeries à la dérive, du malheureux héritier des Wittelsbach. »

Ce n'est pas le propos de ce recueil d'entrer dans ce débat, ni d'en peser les pour et les contre. Notre seule ambition est de partager les beautés de la poésie d'expression française consacrée au Roi Louis II de Bavière.

Une anthologie commentée des poèmes dédiés au Roi

Sans prétendre à l'exhaustivité, nous avons tenté de constituer le recueil le plus complet possible des poèmes d'expression française consacrés au Roi Louis II de Bavière. La plupart des textes sont l'œuvre d'écrivains français, auxquels nous avons joint les poèmes de deux écrivains belges. En fin de recueil, nous avons également ajouté un chapitre regroupant certains des poèmes rédigés en allemand ou en latin et qui ont été traduits en français et publiés dans des articles de presse ou dans des livres. Les poèmes en allemand portent tous d'éminentes signatures, celle du Roi lui-même, celle de sa cousine impériale Elisabeth d'Autriche-Hongrie, celle enfin de Richard Wagner. Les poèmes en latin sont quant à eux dus à la plume d'un des premiers avocats de la cause homosexuelle.

Nous avons choisi une présentation chronologique des textes, en les classant selon la date de leur première édition. Le recueil s'ouvre avec le célèbre poème que Verlaine publia en 1886 dans la *Revue wagnérienne* et se termine pour sa première partie par les textes de deux auteurs contemporains datant de 2018.

Chaque poème ou ensemble de poèmes est suivi de commentaires. Lorsque c'était possible, nous avons privilégié les commentaires contemporains du moment de la parution des poèmes, parfois dus au talent d'une grande plume. C'est le cas du texte de présentation des *Chauves-souris* de Robert de Montesquiou par Anatole France.

En matière d'introduction, nous avons reproduit un article qu'Edmond Jaloux[1] publia en 1936 à l'occasion du cinquantième anniversaire de la mort du Roi, dans lequel ce grand critique littéraire, alors promu académicien, donna un remarquable compte-rendu de la réception littéraire française de la royale personne.

Remarques orthographiques

Nous avons respecté l'orthographe d'origine des textes sans vouloir nuire au plaisir de la lecture en les interrompant par un [sic] chaque fois que l'orthographe d'un terme pourrait poser question. Ainsi au $19^{\text{ème}}$ siècle écrivait-on souvent le mot *poète* avec un tréma devenu par la suite accent grave ou le nom de Shakespeare sans son premier *e* (*Shakspeare*). Si ces graphies sont généralement bien connues des lecteurs familiers avec les ouvrages de cette époque, on pourrait s'étonner de l'orthographe de *Versaille* sans *s* final qui apparaît chez Robert de Montesquiou, qui fait rimer ce terme avec *tressaille*, sans doute une licence poétique permettant la coïncidence de la rime visuelle avec la rime sonore. Un exemple parmi d'autres chez cet auteur qui, au-delà de ses particularismes orthographiques, crée aussi des néologismes : ainsi du mot *délyre* qui combine l'idée de la folie à celle l'instrument de musique et qui rime visuellement avec *lyre*. Ici ou là on trouve aussi au sein d'un vers une majuscule de

---

[1] Edmond Jaloux (1878-1949), écrivain et critique littéraire français d'une grande finesse, s'efforça d'attirer l'attention de son temps sur les littératures étrangères modernes et contemporaines, grâce à ses articles, réunis plus tard en recueils. Il fut élu à l'Académie française en juillet 1936, peu de temps avant la publication de l'article consacré au cinquantième anniversaire de la mort du Roi Louis II.

soulignement qui accroche le regard. Enfin l'absence partielle ou totale de ponctuation est devenue un procédé poétique habituel à partir de la Belle époque.

Luc-Henri Roger

Introduction

Edmond Jaloux —
L'anniversaire du Roi Louis II de Bavière[1]

Voici cinquante ans que le roi Louis II de Bavière disparaissait de la scène du monde ; de cette scène dont il voulut faire quelque chose de si paradoxal et de si contradictoire qu'il y aima plus que tout, et à la fois, la solitude et le théâtral, et depuis cinquante ans l'énigme de son caractère et celle de sa mort n'ont pas été résolues. Ce n'est pas que les commentaires aient manqué ; ils sont fort nombreux. Mais ils reposent en général sur des hypothèses plutôt que sur des faits.

Une chose est indéniable : le succès du roi comme personnage légendaire. Les hommes ont toujours aimé un certain type à demi surhumain ; celui-là même qu'il a incarné ; sans quoi, il eût paru incompréhensible et eût été rejeté aussitôt par les mémoires. Si Louis II, que l'on a traité souvent d'anormal, a attiré à ce point la sympathie, il faut donc admettre que cet anormal, qui lui a été reproché, constitue la norme pour des milliers d'individus. Ce qui est foncièrement inhumain n'est reconnaissable par personne ; mais le fait de pouvoir sortir de soi et montrer au dehors ce que tant d'individus tiennent enfermé par manque de puissance ou par crainte de l'opinion commune constitue une délivrance et nullement une aberration.

Les poètes ne s'y sont point trompés ; ils ont reconnu Louis II et l'ont célébré comme un des leurs ; très particulièrement il y a quarante ou cinquante ans. Il a été un des héros de la période symboliste, comme Nerval ou comme Dante-Gabriel Rossetti. Dira-t-on que ces écrivains, comme on l'a trop écrit, négligeaient la vie et se tournaient

---
[1] Chronique publiée dans *Le Temps* du 21 août 1936.

vers le rêve avec ferveur ? Voilà un argument facile et une opposition puérile. Pour eux, il s'agissait d'abord de ne pas accepter que la vie fût ornière, mais qu'elle rendit possibles bien des envolées et bien des puissances qui ne sont pas en dehors d'elle, qui sont simplement dégagées, de la banalité quotidienne.

On connaît le célèbre sonnet de Verlaine qui commence ainsi :

> *Roi, le seul vrai roi de ce siècle, salut, sire,*
> *Qui voulûtes mourir vengeant votre raison*
> *De cette science, assassin de l'oraison,*
> *Et du chant et de l'art et de toute la lyre.*

Ceux de Louis Le Cardonnel, le grand poète qui vient de mourir, sont moins célèbres ; le début en est fort beau :

> *O vous qui, devançant l'inéluctable loi,*
> *Avez astreint la mort au lit d'une eau profonde,*
> *Bien qu'ici-bas, Louis, vous ayez été roi,*
> *Votre royaume, à vous, n'était pas de ce monde !*

Enfin Robert de Montesquiou lui a consacré une grande partie de son poème les *Chauves-souris*. Non seulement Louis II y figure en manière de médaillon central, mais Montesquiou y dessine les souverains légendaires ou les demi-excentriques qui l'ont préfiguré. La liste n'en est pas complète : rien ne ressemble plus à un Louis II que le très sage et très érudit William Beckford, l'auteur de *Vathek*, l'ami de lady Hamilton et de Disraeli, qui passa sa vie entre le mépris de l'humanité, la rêverie et la passion de l'architecture. Dans les personnages imaginaires, on pourrait dire aussi que Rederick Usher, le héros d'Edgar Poe, possède quelques-uns des traits que le roi de Bavière montrera plus tard.

Plusieurs romanciers ont tenté de peindre l'ami de Wagner : Catulle Mendès dans *le Roi vierge*, Jules Lemaitre dans *les Rois* et Gustave Kahn dans *le Roi fou*. Il y a des attitudes de lui dans le grand-duc Flois des *Oiseaux s'envolent et les Fleurs tombent* d'Elémir Bourges. Il se pourrait aussi que quelque chose de son caractère ait passé dans le M. d'Americœur et l'Hermas de la *Canne de jaspe*, d'Henri de Régnier, comme dans Des Esseintes. Cela nous révèle donc à quel point un personnage comme le sien, si singulier qu'il soit, n'échappe à la loi commune que pour relever d'une autre loi, moins commune sans doute, mais moins rare aussi qu'on ne le croit.

Ajoutons que les principaux commentateurs en France de Louis II n'ont pu se défendre d'une grande sympathie à son égard. « Il ressentit jusqu'à la démence, écrit Maurice Barrès dans l'*Ennemi des lois*, la difficulté d'accorder son moi avec le moi général. » C'était faire du souverain un aîné de Philippe et de François Sturel, comme du Debrio d'un *Amateur d'âmes*. Jacques Bainville s'étonne de sa clairvoyance politique, de sa connaissance des hommes. Dans un livre charmant[1], M. Ferdinand Bac reste à demi sur le terrain de la légende pour le mieux louer. Edmond Fazy peint avec éclat le protecteur de Wagner. M. Guy de Pourtalès voit en lui un Hamlet couronné.

En dehors de ses qualités réelles, Louis II est apparu à beaucoup — surtout vers 1886-1896 — comme l'incarnation de la liberté intérieure, de l'amour du rêve ; comme une opposition violente à cette soumission aux problèmes économiques et aux intérêts matériels que les artistes et poètes du romantisme et du symbolisme reprochaient alors aux bourgeois ; soumission que les communistes revendiquent aujourd'hui comme une forme de mystique : ce qui prouve la variété d'interprétation que l'on peut,

---

[1] Ferdinand Bac, *Le voyage romantique. Chez Louis II, roi de Bavière*, Paris, Charpentier, 1910.

d'une génération à l'autre, mettre sous les mêmes phénomènes moraux.

Car il arriva aussi au roi de Bavière de céder à la pression des faits : il avait de grands besoins d'argent, et toujours pour construire. Jacques Bainville indique très justement qu'il n'a en rien été un artiste, mais uniquement un esprit romanesque. « C'est beaucoup », dirait Martin. Il se peut, en effet, qu'en ces temps-ci un esprit véritablement romanesque soit plus rare qu'un artiste. Malheureusement, Louis II de Bavière, qui ne vivait que par l'imagination, et pour elle, en avait très peu. Les vrais imaginatifs sont les grands hommes d'Etat : un Alexandre, un Napoléon, un Cavour, et les grands poètes. Mais il est des personnalités charmantes qui se blottissent dans l'ombre enchanteresse de l'imagination d'autrui. Ce fut son cas.

Il donnait, tout seul, dans des châteaux sans invention, des soupers où il invitait Louis XIV et Marie-Antoinette. Il leur parlait et il buvait du champagne en leur portant des santés. Les gens raisonnables sont si pauvres d'esprit que cette action innocente leur fit croire qu'il était fou. Il l'eût été s'il avait été persuadé de la présence à sa table de Louis XIV et de Marie-Antoinette. Il était trop lucide, hélas pour accepter d'emblée ce phénomène fabuleux. Mais il préférait s'adresser à Louis XIV et à Marie-Antoinette, absents, qu'à quelque hobereau stupide ou à un ministre ahuri. Si ce grand rêveur manquait d'imagination, il ne manquait pas de bon sens.

On l'a cependant interné comme fou. L'était-il ? Un vrai dément eût accepté sa captivité et eût déclaré qu'il était Jésus-Christ ou Louis XIV. Le surlendemain de son internement, Louis conduisait son médecin et son bourreau au bord du lac de Starnberg et le noyait pour s'échapper et rejoindre un peuple de braves paysans qui croyait en lui. Je me suis souvent demandé ce qu'il fût advenu à Gérard de Nerval, à Baudelaire, à Villiers de l'Isle-Adam, à Rimbaud, à bien d'autres, si, au lieu de naître dans les humbles conditions où ils ont vu le jour, ils eussent été héritiers d'un trône. Peut-être eussent-ils été des sortes de Louis II. Villiers le sentait si bien qu'il revendiqua la couronne de Grèce. L'impossibilité pour eux de réaliser leur rêve leur donna du style, éternelle revanche sur le destin des malheureux bien nés. Libéré de toute nécessité immédiate, appartenant à une famille exagérément logique (d'où un déséquilibre fatal), Louis II ne connut aucun frein ; il put s'abandonner à cette passion de solitude, qui devient si rapidement dangereuse. Ce que nous appelons la raison consiste à donner constamment de la tête contre un mur ; il faut être bien décidé à l'infatuation pour en faire une qualité maîtresse. Connaissant peu d'obstacles à ses désirs, le roi de Bavière s'enfonça, à la fin, dans ce demi-délire qui naît de l'excès de liberté. Ses défauts s'exaltant dans ce désert, il laissa voir bientôt les signes, non de la folie, mais d'une fantaisie sans variété c'est ce qui lui ressemble le plus. Il était né schizophrène ; il devint schizomane. Les médecins qui l'ont autopsié lui ont découvert un cerveau si extravagant que les pires catastrophes auraient dû en naître. En l'internant on a interrompu simplement la construction d'un nouveau château ; si les Etats ne commettaient jamais de pire folie, on remercierait Dieu de donner des gouvernements aux hommes. On peut supposer que les médecins ont fait leur rapport en tenant compte des intérêts privés du pays ou des successeurs prudents du roi. On était encore dans ces temps affreux de tyrannie où l'on internait le souverain plutôt que d'augmenter indéfiniment les impôts. Il a suffi, on le sait, de supprimer les souverains pour que ces horreurs ne se représentent plus.

J'ai sous les yeux de nombreux portraits de Louis II. Edouard Schuré, qui a assisté à la première représentation de *Tristan et Isolde*, m'a dit qu'il n'avait jamais rien vu de plus beau que le roi de Bavière seul dans sa loge, géant angélique aux traits purs et aux yeux d'un bleu magnifique qui semblaient regarder dans l'invisible. Avec ses cheveux épais, ondulés et sombres, son nez droit et sa bouche parfaitement dessinée, il avait l'air à la fois d'un jeune homme et d'une jeune fille. Quand on regarde, en revanche, ses dernières effigies, on est surpris et presque effrayé d'un tel changement. Très vite, Louis II s'est empâté et comme éteint. Il a le visage bouffi, le cou énorme, la barbe drue, l'œil vague. L'éblouissant Lohengrin des premières années a l'air d'avoir confié son rôle à un ténor méridional. Il est visible que quelque chose a manqué à Louis II, au cours de sa jeunesse. Quoi ? Un élément vital impossible à discerner. On nous a conté que dans les tout derniers mois de sa vie le roi alla fêter seul son anniversaire de naissance dans un chalet situé dans les montagnes du Wetterstein. Un jour qu'il causait avec un garde-chasse dans un salon grand ouvert, un bouquetin entra par hasard dans la pièce. Il prit peur en voyant son image dans une glace, et, saisi de frénésie, il renversa les tables, brisa les porcelaines. Le garde voulait le tuer, mais le roi intervint. Et, comme l'autre s'étonnait de la protection accordée au destructeur, Louis II répondit mélancoliquement « Parce que cet animal ne ment pas. »

Ce mot demeure ambigu. Il peut signifier que Louis II, comme sa cousine Elisabeth d'Autriche, souffrait du mensonge universel des hommes. Mais on a le droit aussi de supposer que le rêveur, en le prononçant, ait fait un retour sur lui-même et senti que sa vie était un mensonge. Non parce qu'elle était basée sur l'illusion, mais parce qu'il s'était trompé sur le sens de cette illusion. Certes, il n'était pas créé pour vivre de la vie de tous, et la vie de tous ne constitue pas une vérité si on l'oppose à la sienne. Son malheur a été de chercher dans le décor ce qui n'appartient qu'à l'esprit et de ne pas avoir connu ni pratiqué le mot profond de Baudelaire : « Avant tout, être un grand homme et un saint pour soi-même. »

EDMOND JALOUX

Poèmes de France et de Belgique

Paul Verlaine — À Louis II, roi de Bavière
1886

La mort de S. M. le Roi Louis II de Bavière

Roi, le seul vrai roi de ce siècle, salut, sire,
Qui voulûtes mourir vengeant votre raison
Des choses de la politique, et du délire
De cette Science intruse dans la maison,

De cette Science, assassin de l'Oraison
Et du Chant et de l'Art et de toute la Lyre,
Et simplement, et plein d'orgueil en floraison,
Tuâtes en mourant, salut, Roi, bravo, Sire !

Vous fûtes un poète, un soldat, le seul Roi,
En ce siècle où les rois se font si peu de chose,
Et le martyr de la raison selon la Foi.

Salut à votre très unique apothéose
Et que votre âme ait son dernier cortège fier
Sur un air magnifique et joyeux de Wagner.

Commentaires

Peu après son décès tragique, le destin du roi Louis II de Bavière inspira la plume des poètes symbolistes et décadents. Le sonnet de Paul Verlaine est à notre connaissance le premier poème qui lui fût dédié en langue française. Il est aussi le plus connu et sans doute le plus reproduit.

Admirateur de Wagner, Verlaine collabora à la *Revue wagnérienne* en y publiant plusieurs sonnets. Il contribua au numéro du 8 juillet 1886 avec l'apport de son poème *La mort de S. M. le Roi Louis II de Bavière*. Dans ce texte panégyrique, on perçoit que Verlaine a eu connaissance des hypothèses véhiculées par la presse parisienne sur les circonstances de la mort de Louis II dans le lac Starnberg : le deuxième comme le huitième vers, qui évoquent le désir de mort du roi, vont dans le sens de l'hypothèse du suicide par noyade. En 1888, le sonnet fut repris, légèrement modifié, dans le recueil *Amour*, puis en 1891 dans la première anthologie de poèmes de Verlaine (*Choix de poésies*, Bibliothèque Charpentier) sous le titre *À Louis II, Roi de Bavière*, avec une modification de l'avant-dernier vers, retravaillé par le poète : « Et que votre âme ait son dernier cortège fier » est devenu « Et que votre âme ait son fier cortège, or et fer ».

Verlaine, dont on connaît les amours avec le jeune Rimbaud, était informé des inclinations homoérotiques du Roi, mais son éloge funèbre poétique du roi n'y fait pas allusion. Un second poème discrètement publié sous pseudonyme dans le recueil *Hombres*, aborde clairement le sujet.

Verlaine avait conscience des bizarreries de son poème comme en témoigne une lettre[1] qu'il adressait en juillet 1886 à Édouard Dujardin[2] :

> Paris, le 6 juillet 1886
> Cher Monsieur [Dujardin],
>
> Excusez-moi de vous envoyer si tard le sonnet vaguement « loufoque » — mais n'est-ce pas de circonstance ? — que voici — (ô les affaires !) Et agréez mes meilleures cordialités.
> P. VERLAINE.

Dans une autre lettre, le poète propose au directeur de la *Revue wagnérienne* la modification de l'avant-dernier vers déjà mentionnée :

> Paris, le 14 juillet 1886.
> Cher Monsieur Dujardin,
>
> Il y aurait peut-être lieu de changer l'avant dernier vers du sonnet au roi Louis II. On mettrait :
> *Et que votre âme ait son fier cortège, — or et fer, ...*
> Bien à vous,
> P. VERLAINE.

La presse contemporaine avait réagi en sens divers à la publication du poème de Verlaine. Ainsi *L'Univers* du

---

[1]. *Correspondance de Paul Verlaine : publiée sur les manuscrits originaux*. T. 3 / avec une préface et des notes, par Adolphe Van Bever (1922-1929) ; Albert Messein, éditeur (Paris).

[2] Directeur-fondateur de La *Revue Indépendante* et de *La Revue Wagnérienne*, Édouard Dujardin se tint, dès ses débuts dans la carrière littéraire, en relations suivies avec Verlaine, dont il sollicita la collaboration à plusieurs reprises. Il reçut, à cette occasion, un ensemble de cinquante-six lettres, dont les premières ont trait à la collaboration de Verlaine aux revues publiées sous sa direction.

24 juillet 1886 critiquait-il la parution du poème de Verlaine, tout en le reproduisant :

> La *Revue Wagnérienne* (car il existe une revue de ce nom) a voulu pleurer envers la mort tragique du roi Louis de Bavière. Voici le chef-d'œuvre d'incohérence pondu par M. Paul Verlaine, l'un des déliquescents, comme se nomment ces étranges aligneurs de rimes : [suit le texte du poème]. Il manquait au roi Louis de Bavière cette dernière infortune.

Le Décadent d'Anatole Baju retranscrivait lui aussi le poème à Louis II de la *Revue wagnérienne* dans sa publication du 31 juillet 1886 en citant un commentaire d'un journal de Sarcey, *L'Estafette* : « M. Paul Verlaine, dieu de la chapelle décadente, est le poète indiqué des Othon et des Louis II. » *Le Ménestrel* du 1er août 1886 estimait de même que cela valait la peine de reproduire le poème de Verlaine. Ce fut aussi le cas de *La République française* qui, tout en lui reconnaissant des qualités, se fendait cependant d'un commentaire persifleur :

> Louis II, martyr de la raison ! Décidément la wagnéromanie est une folie contagieuse qu'il faut soigner !

Quelques mois plus tard, *Le XIXe siècle* du 11 mars 1887 consacrait un article au wagnérisme dans lequel il mentionnait la publication du poème consacré à Louis II :

> Une idée curieuse de la *Revue*, par exemple, a été de demander aux poètes une interprétation, en sonnets, de l'œuvre de Wagner. Wagner expliqué en quatorze vers, Wagner en poche. Les poètes se sont prêtés complaisamment à cette fantaisie. […] M. Paul Verlaine, renchérissant sur tous les autres [poètes], s'incline devant l'ombre du roi de Bavière.

Jacques Bainville, un des premiers et un des meilleurs historiens français du roi Louis II, évoquait de manière plus nuancée le poème thuriféraire de Verlaine dans l'avant-propos d'une édition de sa biographie[1] :

> La légende s'est maintenant emparée de lui, et, comme sa vie romanesque et sa fin dramatique parlent vivement à l'imagination, il a plu surtout aux poètes. A l'aide de quelques traits connus, on a pu faire de lui une idéale apparition de prince artiste au milieu de ce siècle de fer. Et Paul Verlaine, en de beaux vers, en a fait, par surcroît, un martyr de la foi. Avec un roi comme celui-là, la mythologie populaire a beau jeu. Cependant, un Bavarois de bon sens serait bien surpris s'il savait ce que le prince constructeur de châteaux si coûteux est devenu pour nos poètes. Une idéale apparition au milieu d'un siècle de fer, un martyr de l'art, un martyr de la foi, Louis II n'est pas moins que tout cela en quatorze vers d'un sonnet de Verlaine. Quelle couronne l'auteur de *Sagesse* lui a tressée !

En juin 1900, la *Chronique des livres*[2] recensait le livre de Bainville en évoquant le poème de Verlaine :

> La figure de ce roi, dont les fantaisies étonnèrent la Bavière et firent éprouver à Bismarck des craintes passagères, reste enveloppée de mystère. L'Histoire veut à toute force pénétrer l'intimité de cette âme qui jamais ne livra son secret et se complut dans la solitude et l'ennui. Les dépôts d'archives lui restent cependant fermés et les indiscrétions des correspondants ou des amis de Louis II ne suffisent pas à satisfaire sa curiosité, mais simplement à l'énerver. Telle qu'elle nous est connue, la vie de Louis II de Bavière ne ressort pas encore de l'Histoire, mais plutôt du drame et de la poésie ;

---

[1] Jacques Bainville publia sa biographie du roi en 1900 ; elle fut ensuite rééditée à plusieurs reprises, notamment dans *Louis II de Bavière et L'Allemagne romantique et réaliste ; Louis II de Bavière ; Bismarck et la France ; Petit musée germanique*.
[2] *Chronique des livres : revue bimensuelle de bibliographie et d'histoire littéraire*, Paris, juin 1900.

M. Catulle Mendès l'a évoquée en un de ses poèmes en prose lyrique où il absorba sa jeunesse et a travaillé — plus que tout autre — à fortifier les légendes qui l'entourent, et même à en créer de nouvelles. Verlaine l'a chantée, et ses vers portent un peu de cette allure mystique que le roi de Bavière affectionna.

Le critique littéraire Pierre Gilbert y revenait dans un article consacré aux Rois[1] :

> Remarquons encore les progrès de l'esprit public. Il y a vingt ans, la misanthropie, le mysticisme, les attitudes esthétiques du roi de Bavière, voilà ce qui excitait l'imagination des littérateurs, et il ne fût venu à l'idée de personne de s'enquérir de ses actes royaux, de sa politique. Si Louis II était grand, il ne pouvait l'être que par des attributs étrangers à sa « profession », comme dit Bainville. Et Verlaine lui composait ce panégyrique dément [son poème à Louis II]. M. Gabriel d'Annunzio écrivait dans ses *Vierges aux rochers* : « Ce Wittelsbach m'attire par l'immensité de son orgueil et de sa tristesse... Louis de Bavière est vraiment un roi, mais roi de lui-même et de son rêve. » Mais si l'on vérifie cette littérature périmée, il faut en rabattre, et beaucoup. « Hélas ! s'écrie M. Bainville, roi de lui-même n'est qu'un mot, un mot lyrique. Et la vérité nous oblige à dire qu'on ne trouve rien de pareil à l'analyse, dans la vie sans direction, dans les songeries à la dérive, du malheureux héritier des Wittelsbach. » « Musicien médiocre », « connaisseur douteux », affolé de spectacles et de cabotinisme, au théâtre il ne goûte que la mise en scène, et les œuvres les plus plates trouvent grâce à ses yeux si elles évoquent une époque ou un drame de l'histoire qui flattent sa manie ; architecte, il ne vise qu'à heurter le goût régnant ou bien à

---

[1] Pierre Gilbert, *Les Rois*, in *La Revue critique des idées et des livres*, 10 août 1911, repris dans *La forêt des cippes : essais de critique...*, Paris, E. Champion, 1918. Pierre Gilbert Crabos, dit Pierre Gilbert, (1884-1914) fut un écrivain, critique littéraire, journaliste et militant royaliste français.

remuer en lui d'obscures et confuses puissances de sensibilité. « Peu importait à Louis II que ses artistes ordinaires fussent médiocres, leur peinture pauvre et sans idée. Il lui suffisait que la légende fût exactement, et fidèlement rendue et que les costumes fussent strictement de l'époque. » Il vit dans le décor, la mise en scène et le bric-à-brac. « L'homme qui dicta ce choix de meubles brillants, de tentures éclatantes, n'était pas un voluptueux insouciant, avide ou curieux de plaisir. Ce décor de luxe et de fête ne servait qu'aux débauches d'une imagination meurtrie. » Ailleurs Bainville s'effraie « de trouver, sous la signature de Louis II, le langage du pharmacien Homais » : le malheureux roi ne s'était trompé que de modèle : il pensait plagier Louis XIV ! D'ailleurs de la délicatesse et une sensibilité naturelle, mais une note malheureuse et comme une flétrissure sur ses meilleurs penchants. Au demeurant, le verdict final de Bainville, dans son insigne et ironique modération, dit tout : « Louis II n'était-il pas aussi, dans son genre, un philistin de la culture, par le zèle artistique si naïf de ses châteaux, par sa fâcheuse tendance à concevoir la vie comme une suite d'attitudes littéraires ?... Mon Dieu, il y eut de cela sans doute dans le cas de ce prince. Mais nous préférons voir en lui un de ces aspirants malheureux à la civilisation, un de ces impétrants à l'humanité supérieure, rougissant de leur barbarie germanique et touchés par la grâce du génie latin et du style français, que l'Allemagne a toujours produits, même aux époques où elle était victorieuse et le plus sûre d'elle-même. » Voilà tout ce qu'il reste du roi vierge et martyr, du saint de Verlaine, du roi trois fois roi de M. d'Annunzio. Dieu merci ! il nous faut autre chose pour monter sur le trépied.

On le voit, des opinions très diverses ont été émises, tant sur la personnalité et les réalisations du souverain bavarois que sur le poème que Verlaine lui dédia. Verlaine lui-même avait émis quelque réserve sur son poème « loufoque » qui servait les « affaires ». Il n'en reste pas moins un poème-phare de la littérature ludwiguienne, le seul par ailleurs que citent systématiquement tous les historiens allemands du roi.

Louis II de Bavière — Vœu — 1889

> Le pécheur est pareil à ces puits réprouvés
> que ne visite jamais la lumière,
> Seigneur ! lui-soyez un soleil.
> St-Joseph de Curpertino

> Son chapeau disait : Messieurs, je suis vôtre.
> V. Hugo

> Mais le blanc paradis que rêve Perpétue :
> Les sanglots des rayons ! les larmes du cristal...
> (Vêpres) Philothée O'Neddy

Au Frère en Baudelaire, à Arthur Rimbaud

Étendard d'un vieux cœur ! dépose-les tes franges,
Et vous, pourpres de leur superbe : anéanties !
Ah ! puissent mes vertus, Père ! bonder Tes granges
Et fleurir mes candeurs en des neiges d'Hosties.

Que l'indécise voix vête l'Or des mésanges
Et que ses raucités dépouillent leurs orties
Pour que je puisse unir à l'hymne blanc des Anges
Un timbre sept fois pur fait de mes modesties.

Car qu'importe, Seigneur ! au vieux front que je suis
L'éruption d'un casque au soleil des revues
Et que fait à ces yeux réprouvés comme un puits

L'équivoque printemps des peaux trop de fois vues :
Ah ! fais plutôt qu'au ciel morose de mes nuits
Tone le neuf Etna d'une LUNE imprévue.

LOUIS II DE BAVIÈRE
26 octobre 1885

Commentaires

La revue littéraire bimensuelle parisienne *Le Décadent* publia chez Léon Vannier sa deuxième série entre décembre 1887 (n°1) et avril 1889 (n°32). Elle était dirigée par Anatole Baju et compta entre autres parmi ses collaborateurs les plus connus Général Boulanger, Norbert Lorédan, Jean Lorrain, Louis II de Bavière, Jules Renard, Arthur Rimbaud et surtout Paul Verlaine. Mais cette liste est sujette à caution car certains textes, dont des textes d'Arthur Rimbaud et le texte attribué à Louis II de Bavière sont en fait des faux.

Dans le premier numéro de cette revue, Baju définit le programme du *Décadent* comme étant essentiellement anti-bourgeois. La revue ambitionnait de fédérer la bohème parisienne, souvent bruyamment opposée à l'art et à la littérature consacrés et, plus généralement, au mode de vie de la classe dominante.

Le Décadent demandait « que les futurités littéraires se mettent à l'œuvre. Un art nouveau, quintessencié, plus impalpable encore sortira de ce gâchis chaotique » (Anatole Baju, *Le Décadent*, 24 avril 1886). Il exigeait « une poésie vibrante et sonore où l'on sent passer comme des frissons de vie » et voulait « noter l'idée dans la complexité de ses nuances les plus fugaces ».

Le poème *Voeu*, attribué à Louis II de Bavière dont il porte la signature, est daté du 26 octobre 1885. Il parut dans le numéro 32 du *Décadent* (1er au 14 avril 1889). La revue fignole sa mystification en expliquant en ces termes la provenance du texte :

> Nous devons à l'obligeance de notre excellent ami, le docteur Justus Mühlthaler, de Munich, la communication du poème véritablement royal que nous révélons au public lettré.

Le fait même d'attribuer un poème à Louis II dans une revue littéraire témoigne de la fascination qu'exerça le roi de Bavière sur les écrivains français de la fin du siècle, et de la légende qui se forma en France autour de son auguste personne. La dédicace à Arthur Rimbaud, *frère en Baudelaire*, attribue au Roi une fascination bien improbable pour le jeune poète français, que les historiens de Louis II ne lui connaissent pas, mais qui participe de la figure mythique que les poètes et romanciers français sont en train de créer.

Le roi était certes capable de rédiger en français, qui fut la seule seconde langue dont il eût une bonne maîtrise. Sa fascination pour les Bourbons et pour les lettres françaises est notoire, on lui connaît des lettres dans la langue de Molière et il utilisa le français dans des passages de ses journaux intimes. Mais sa connaissance de notre langue ne pouvait lui permettre la rédaction d'un poème décadent ou symboliste rédigé dans un langage ésotérique.

Ce sonnet n'a très probablement pas été perçu comme une imposture littéraire par les lecteurs éminemment lettrés du *Décadent* qui y auront plutôt vu un hommage au « seul vrai Roi de ce siècle » et se seront amusés d'une mystification cousue de fil blanc. Il faut cependant signaler que Verlaine, qui participa à la revue, ne semble pas s'être inquiété des poèmes qu'elle attribue à Rimbaud, et qui sont quant à eux des faux avérés.

Les trois exergues participent elles aussi de la création du mythe. Nous n'avons pas pu retrouver la citation qui est attribuée à Victor Hugo, et il se pourrait qu'elle contribue à la mystification. Le roi Louis II goûtait particulièrement le théâtre de cet auteur, et notamment sa pièce *Marion de Lorne*, qu'il se fit souvent représenter et dont il connaissait des tirades par cœur.

Saint Joseph de Cupertino, ou Joseph de Cupertin, (Giuseppe da Copertino), né Giuseppe Maria Desa (1603-1663), fut un moine franciscain italien célèbre pour les récits de ses lévitations et ses miracles. Selon le père Herbert Thurston « il serait impossible de faire le récit détaillé de ses vols : ils semblent avoir été observés plus d'une centaine de fois ». Il fut canonisé en 1767 par le pape Clément XIII. La citation attribuée au saint mentionne des « puits réprouvés », une expression qu'on retrouve dans le texte du poème : « ces yeux réprouvés comme un puits ».

L'écrivain romantique francais Auguste-Marie Dondey (1811-1875), dit Théophile Dondey de Santeny, était plus connu sous le pseudonyme anagramme de Philothée O'Neddy. Le texte qui lui est attribué évoque sainte Perpétue, une martyre chrétienne livrée aux bêtes à Carthage et connue pour les visions que Dieu lui aurait inspirées durant sa captivité. Au « blanc paradis » dont rêve Perpétue correspondent les blanches candeurs et les rêves d'Hostie auxquels aspire Louis II dans le poème.

Les exergues et le poème lui-même s'articulent autour des thèmes de la lumière et de la gloire : la gloire et la lumière furent refusées au roi de son vivant, qui, incompris et réprouvé, se réfugia dans le « ciel morose de ses nuits » au point qu'il fut surnommé le Roi Lune, un mot que l'auteur de ce sonnet met en majuscule dans le second tercet, et qu'on retrouvera pour le désigner chez des auteurs ultérieurs. Les amours masculines du roi, peut-être évoquées par les « peaux trop de fois vues », ont contribué à sa réprobation. Le roi aspire à une reconnaissance céleste qui prenne en compte ses candeurs, ses modesties et ses vertus.

Il faut prendre le temps des relectures pour arriver à décoder tant soit peu la complexité toute mallarméenne de ce poème et trouver les clés de sa fascinante algèbre.

Paul Verlaine — Hombres —1891

Ô ne blasphème pas, poète, et souviens-toi.
Certes la femme est bien, elle vaut qu'on la baise,
Son cul lui fait honneur, encor qu'un brin obèse
Et je l'ai savouré maintes fois, quant à moi.

Ce cul (et les tétons) quel nid à nos caresses !
Je l'embrasse à genoux et lèche son pertuis
Tandis que mes doigts vont fouillant dans l'autre puits
Et les beaux seins, combien cochonnes leurs paresses !

Et puis, il sert, ce cul, encor, surtout au lit
Comme adjuvant aux fins de coussins, de sous-ventre,
De ressort à boudin du vrai ventre pour qu'entre
Plus avant l'homme dans la femme qu'il élit,

J'y délasse mes mains, mes bras aussi, mes jambes,
Mes pieds. Tant de fraîcheur, d'élastique rondeur
M'en font un reposoir désirable où, rôdeur,
Par instant le désir sautille en vœux ingambes.

Mais comparer le cul de l'homme à ce bon cul
À ce gros cul moins voluptueux que pratique
Le cul de l'homme fleur de joie et d'esthétique
Surtout l'en proclamer le serf et le vaincu,

« C'est mal, » a dit l'amour. Et la voix de l'Histoire.
Cul de l'homme, honneur pur de l'Hellade et décor
Divin de Rome vraie et plus divin encor,
De Sodome morte, martyre pour sa gloire.

Shakspeare, abandonnant du coup Ophélia,
Cordélia, Desdémona, tout son beau sexe
Chantait en vers magnificents qu'un sot s'en vexe
La forme masculine et son alleluia.

Les Valois étaient fous du mâle et dans notre ère
L'Europe embourgeoisée et féminine tant
Néanmoins admira ce Louis de Bavière,
Le roi vierge au grand cœur pour l'homme seul battant.

La Chair, même, la chair de la femme proclame
Le cul, le vit, le torse et l'œil du fier Puceau,
Et c'est pourquoi d'après le conseil à Rousseau,
Il faut parfois, poète, un peu « quitter la dame ».

Commentaires

Une édition tirée à 500 exemplaires du recueil *Hombres (Hommes)* de Paul Verlaine annonçait la couleur. Il y est dit que ce recueil est « imprimé sous le manteau et ne se trouve nulle part » et que cette édition « ne peut être mise en vente dans le commerce ». Cette édition confidentielle et non datée publie également *Le sonnet du trou du cul* que Verlaine et Rimbaud rédigèrent de concert. On en trouve aujourd'hui de nombreuses rééditions, dont certaines proposent des illustrations érotiques, comme celle d'Elysium Press ou une édition bilingue anglaise avec les illustrations de Michael Ayrton.

Hombres est le titre du vingt-deuxième et dernier recueil poétique en vers de Paul Verlaine. Il fut publié à titre posthume et clandestinement en 1903 ou en 1904 par Albert Messein. Il s'agit du dernier des trois recueils érotiques de l'auteur, après *Les Amies, scènes d'amour saphique*[1] et *Femmes* (1891), qui s'intéressent respectivement au lesbianisme et à l'hétérosexualité. *Hombres* fut écrit en 1891 par Verlaine qui était alors hospitalisé et traite quant à lui de l'homosexualité masculine. En 1918 Apollinaire en reproduisit plusieurs poèmes sous le pseudonyme de Germain Amplecas dans *L'oeuvre libertine des poètes du XIXe siècle*[2].

Verlaine s'est à plusieurs reprises servi d'un pseudonyme, dont le plus connu est celui du pauvre Lélian. Pour ses poèmes érotiques, il signa d'un pseudonyme espagnol : le licencié Pablo de Herlagnez (avec différentes graphies : Herlañes, Herlagnez, Herlagnèz, Herlanes).

---

[1] Ce recueil, édité en 1867 par Poulet-Malassis, fit l'objet d'une condamnation par le tribunal correctionnel de Lille pour outrage aux bonnes mœurs.
[2] Paris, Bibliothèque des curieux, 1918.

Pablo est la traduction espagnole de Paul, et Herlagnez n'est autre que son nom de famille hispanisé, les lettres *e, r, l, a, n, e* étant communes aux deux patronymes.

> Les Valois étaient fous du mâle et dans notre ère
> L'Europe embourgeoisée et féminine tant
> Néanmoins admira ce Louis de Bavière,
> Le roi vierge au grand cœur pour l'homme seul battant.

L'expression « le roi vierge » n'est pas neuve. C'est ainsi que Catulle Mendès titrait son roman à clé publié en 1881. Verlaine, qui évoque dans le premier quatrain sa propre bisexualité et se plaît à évoquer les délices de la sexualité, épargne la figure du roi « au grand cœur » admiré par l'Europe et n'énonce l'homosexualité de ce roi vierge que les battements de son cœur, ce qui est bien pudique au regard du reste du texte.

Robert de Montesquiou — Rex Luna—1892

> S'éleva une ombre, sombre, indéfinie, ... une ombre semblable à celle que la lune, quand elle est basse dans le ciel, peut dessiner d'après le corps d'un homme ; mais ce n'était l'ombre ni d'un homme, ni d'un dieu, ni d'aucun être connu.
>
> POE.

NOCTILUCE

> Son réveil est de toutes passions Titaniqnes, et perturbations d'esprit en lui. Le sommeil doux et gracieux, et la divine et royale nature en icelui toute nette, incontaminée et pure.
>
> PLUTARQUE.

La chauve-souris des chauves-souris,
Ce fut ce fameux Louis de Bavière,
Ce cœur si peureux, cette âme si fière !
Tout mystérieux, tristesse et souris[1].

Tout incohérent : fureur et musique,
Bêtise et génie, horreur et beauté ;
Débauche mentale et rêve physique
De suavités et de cruauté.

Tout chauve-souris : tout lumière et sombre
Nyctalope tout : vertige aux foyers,
Désir des clartés, et rage de l'ombre,
Soleils monstrueux, de lune noyés !

---

[1] Pour « sourire », fréquent en ancien français et jusqu'au 18ème siècle.

TREIZIÈME CÉSAR

> Et j'aurai mille oiseaux qui chanteront toujours.
> Que de musiciens pour amuser mes jours !
> Quel bonheur de nourrir tant de joyeux esclaves !
>
> DESBORDES-VALMORE.

Oh ! ce Roi Louis Deux ! incohérente image :
Demi-roi, demi-dieu, demi-preux, demi-mage ;
Autocrate égaré dans nos modernités !
Goutte de sang - César, à leurs paternités
Reprise, en une fleur bizarre, et qui détonne ;
O transposition neuve de Suétone !
Tyran délicieux, despote féminin ;
Marc-Aurèle-Néron et Tibère-Antonin.
Histoire Auguste ; Héliogabale-Mécène,
Monstrueusement vierge et chastement obscène.
Statue énigmatique aux attraits mi-voilés
D'extase et de folie, et d'amour étoilés.
Hermaphrodite beau, Narcisse légendaire,
Où le mythe s'attache et s'inféode, adhère,
Ainsi qu'une tunique étrange de Nessus
Qui le dévore et qui le transforme et, dessus,
Ne laisse qu'un reflet de visage factice
Qu'à l'envi le récit défigure, qui tisse,
Tout autour, un brouillard traversé de lueurs
Où l'on voit des châteaux bâtis dans les bleueurs :

Starnberg, Hohenschwangau, Linderhof, et Chiemsée,
Neuschwanstein, et « j'en passe, et des meilleurs », fusée
De noms prestigieux ; et le Prince Charmant
Là-dedans, le Fol Roi, le Bel au bois dormant,
L'Invisible, le Fou, le Seigneur de Féerie,
En son rêve réel d'immense afféterie,
De pastiche pompeux et de solennité,
D'étiquette, de cruauté, d'aménité,
Fait revivre Louis Quatorze en un Versaille
De carton, et dont l'autre à distance tressaille !
Je revois les salons et les salles de bain ;
La galerie en glace, où tout un Saint-Gobain
S'applique à copier, dans une île déserte,
Le célèbre palais, pour y mirer à perte
De vue, un roi tout seul, le seul roi, le roi Seul !
Adolescent perdu dans l'art de son linceul
De solitude, épris d'hypocondrie, et sombre,
Insatiable de prestige et de pénombre.
Et voici les traîneaux énormes et dorés ;
Les voyages de nuit par le maître adorés
Dans cet éblouissant et glissant véhicule
Qui, sur la neige pâle et surprise, circule
Décoré de plumets, d'emblèmes et d'ennuis,
De simulacres d'or dont s'effarent les nuits,
Et la chauve-souris, la chouette et l'orfraie
Que, dans leurs nids de pins, sur leurs perchoirs, effraie

Mainte Gloire exerçant des trompettes sans voix,
Ou Renommée aux cent bouches, mais à la fois
Et silencieuses, et muettes, et mortes...
Le décor change, avec les piscines, les portes
Closes, et jusqu'aux bords, des roses, et toujours
Des roses, qu'en tout temps effeuillent, tous les jours,
Pour l'étuve du Roi, des enfants dans des serres.
Puis viennent les amours qu'escortent les misères
Que déjà l'on allègue, ou dont on parle bas,
Grâce auxquelles le Dieu ne se mariait pas !
Le dieu qui dîne seul, en d'étranges toilettes,
Sable son vin léger cerné de violettes,
Servi par des valets masqués de velours noir,
Quand leurs traits ont cessé de plaire. - Le manoir
Se forclôt toujours plus, et, peut-être, plus l'âme.
Or cependant le Roi gouverne : on le proclame
Toujours le Bien-Aimé que son peuple chérit ;
Qu'une fois il se montre, et sa face attendrit,
Parle pour lui, dément, reprend à bail les rêves,
Les espoirs, les fiertés, chaînes graves et brèves,
Qu'il remporte en son nid d'aigle mystérieux.
Loin de la surveillance importune des yeux.

Il court... il court... il court... le Furet ! A la ville
Il apparaît, il fuit, mais la liste civile
Court bien plus vite encor ! C'est un paon de burgau

Pour Neuschwanstein, ici ; là pour Hohenschwangau,
Une chambre à coucher machinée et truquée ;
Et la grotte d'azur où, tendre la becquée

Aux cygnes, est du Roi le ragoût le plus net ;
Et *Lilakabinet*, et *Rosakabinet*.
Des Olympes, partout, en des apothéoses,
Où, sous les roses, sont nichés les pot-aux-roses !
Mais le jardin d'hiver s'inaugure : un palais
Se surmonte d'un parc, puisque tu le voulais !
Une vive forêt de plantes croît, et pousse,
Sur un toit, dans Munich : des palmiers, de la mousse,
Un lac où la tempête *ad libitum* s'émeut !
Car toujours ce qu'il rêve éclôt en ce qu'il veut :
Des kiosques, des joujoux, des pavillons, des tentes ;
Des pauvretés, auprès de choses éclatantes ;
Misères, mauvais goût, ineffable fatras,
Barbarie, étalage, et pathos, et plâtras ;
Des marbres, des cristaux, des ors, des porcelaines,
Des merveilles à faux et des beautés vilaines !
Tout s'épaissit ; la nuit se fait ; le peuple est coi,
On sourit vaguement quand on demande : « quoi ? »
Son grand Enfant-gâté poursuit ses amusettes ;
Dans mille cages d'or, ses vivantes musettes,
Donne des noms de femme à des oiseaux : *Patti*,
Et pleure, si l'un d'eux, par hazard, est parti !

Et le voilà perdu dans l'amour des ramages,
Evadé dans la voix de ses chers petits mages
Qui lui valent bien mieux que ministre ou banquier
Réduits aux billets doux que tend le perruquier,
Figaro favori, grave intermédiaire,
Billets au crayon vert ! — Et la comédie erre
Du cynique sinistre au grotesque joli.
La politique de ce despote poli,
C'est chasser le ministre et changer de ministre,
Et grossir d'un emprunt colossal et sinistre,
Pour quelque mosaïque artiste qu'on rêvait,
Cinquante millions de dettes qu'on avait !
Puis, pour se consoler de ces soucis-atomes,
Ce sont des grands dîners offerts à des fantômes
De maréchaux français qu'on engage à manger ;
Les pianos donnés à maint chevau-léger ;
Tout ce dont la légende exulte et qu'elle augmente !
Comment ne pas jaser, et qu'importe qu'on mente,
Sans rechercher jamais : et le vrai, quel fût-il ?
Et le point de départ fantaisiste et gentil,
Innocent, anodin, véniel, ou plein de grâces,
Qu'infusent, à des fils, des finesses de races,
Sous l'œil d'un bilieux qui regarde à moitié
Et cherche à soulager sa vague inimitié
Par quelque version déloyale et fraudée,
Se déforme, s'étire et, fraîcheur corrodée,

Roule au domaine bas du racontar banal
Où perce, malgré tout, comme un follet final
Un reflet d'origine ingénieuse et noble.

Pourtant, le champ s'épuise, et sèche le vignoble :
Le vendangeur secret et mystique a passé
Les bornes, et l'espoir à la fin est lassé.
D'ailleurs quelque portrait, une photographie,
Apporte un reflet bas de sa face bouffie,
Sous le chapeau de feutre au nœud de diamant,
Où sa cruauté perce inexorablement.
Pour le plus nul forfait Louis dès lors condamne :
Il faut des mannequins de cire, un bonnet d'âne
Quelconque, à des barreaux d'oubliettes, un sac
Pour jeter, au besoin, vers le soir, dans le lac,
Un sac bien convulsé comme en *le Roi s'amuse*,
Et dont l'honneur du Fou se contente et s'abuse
Cependant que l'on trompe et déçoit le cours d'eau.
Plus de musiciens derrière le rideau ;
Le Roi dort tout le jour et se lève à la brune
Pour une promenade infinie à la lune,
En calèche aux coussins eux-mêmes pratiqués !
Tous les raffinements les plus alambiqués
Sont, aux grossièretés sans bornes, mélangées ;
Les naturelles lois sont toutes dérangées ;
Le contingent mignon des chanteurs, et des Kainz,

Cède aux chevau-légers, aux valets, aux coquins,
Que l'on élève, que l'on comble et que l'on broie !
Bref, un Capri contemporain, et dont l'écho,
Avec étonnement, répercute et renvoie
Des vers qui, tour à tour, sont de Victor Hugo,
Ou de quelque imbécile et niais écolâtre
Que, sans distinction, l'auditeur idolâtre.

Et c'est tout, et n'est rien encore ! Les clameurs
Ont beau jeu, les bavards triomphent, car tu meurs !
On t'a repris au rêve, et le propos fourmille,
Lave ton linge sale en la vaste famille
Du Gaudissart stupide et du balourd badaud,
Qui taillent ta chimère à leur mètre lourdaud !
Ainsi que le Satyre amené sous les nues,
Hors de son antre frais d'extases inconnues,
Chanté par ton poète, à la fin, te voilà
Demi-nu, demi-bête et demi-divin, là,
En ta réalité de monstre qu'on démontre,
Toi qui ne savais pas même monter ta montre,
Toi qui faisais, de nuit, jour, et, de soir, matin,
Comme Héliogabale, et comme la Faustin !

Cependant, réépris de tes caprices vierges,
Ton pays te contemple à la lueur des cierges.
Et déplore, indulgent à ton récent passé,

Tout ce que cette mort derrière elle a laissé :
Ta mort-assassinat, ou ta mort-suicide !
Ta cuirasse de preux qui sous l'onde s'oxyde,
Ton air de doux héros autrefois acclamé,
Et ton premier honneur de clémence lamé.
Oubliant ce qui fut, on voit ce qui put être ;
Chère injustice des retours qui sait paraître,
A l'heure où le pardon craint la sévérité.
L'on ne juge plus rien que cette vérité
De l'inique viol de tes innocents songes :
L'inexorable bris de tes rares mensonges
Où, contre toutes lois et malgré toutes fois,
Tes parents, tes élus d'hier, et d'autrefois,
Abominablement contre toi se retournent
Et, dans l'abri propice où tes rêves séjournent,
Vont pour te déposer de rien moins que cela,
De ton gala, de ton flafla, ton falbala,
Qu'il faut abandonner, sans tambour ni trompette !
On dit que ta colère alors sembla tempête :
Tu t'en vins au balcon foudroyer le légat,
Disciple de naguère, aujourd'hui renégat ;
Et qu'un instant tu fus vraiment triste et superbe
Comme un chêne mourant outragé par une herbe !

Le crayon vert pourtant s'active, mais en vain ;
Le cours prodigieux de ton rêve prend fin.

On le traîne tout vif dans un château qu'on mure ;
Le même dont hier encore le murmure
Berçait le carnaval de ton illusion.
Starnberg, qui le reçoit, revoit, dérision !
Son Monarque au secret, surveillé par des fentes
De portes, de guichets, contraintes étouffantes
Pour le berger des mille oiseaux, des mille chants !
Et les gardiens affreux et les docteurs méchants
Qui tiennent le grand Roi-Roitelet dans leurs serres.
Sous ce comble d'affronts, de hontes, de misères,
Le Captif se fait doux, calme, silencieux.
Oh ! le rire ironique et triste, sous les cieux,
Qu'il dut avoir, la nuit de sa chute splendide
Et sombre, sous les yeux de la Lune candide
Qui toujours a mêlé ses feux à cet esprit
Pénétré de mystère et saturé de rit,
Quand, tenant sous le flot le geôlier de sa joie,
Il s'écriait : « En vain l'on veut que je déchoie,
« Chouette de mon Ombre, Aigle, de mon Soleil !
« Moi, le Roi Solitaire et le Roi Nonpareil,
« Moi, le Roi Lycanthrope, et le Roi Lunatique,
« Moi, le Sage Insensé, Moi, le Moderne Antique,
« Je me couche aux rayons de mon astre chéri,
« Vierge comme Sapho, grand cœur endolori
« Dont le sourire mort attirait les colombes !
« Il me plaît, il me sied d'avoir ces flots pour tombes

« Que la Lune d'argent laque de sa clarté,
« O la magicienne et pallide Astarté
« Qui rythma de mon cœur les battements insignes !
« Et, quand ils cesseront, les Sirènes, les Cygnes,
« Qu'émeut, au fond des nuits, ce dernier chant d'amour,
 « Viendront me soulever pour me conduire au jour
« Du ciel crépusculaire où règnent mes amies,
« Vertes filles du Rhin, magiques Floramyes,
« Les Géants et les Nains Nibelungs, rois du Lied,
« Qu'égaie incessamment l'oiselet de Siegfried !
« Car j'ai bien mérité de ces mythologies ;
« Car mes langueurs de spleen n'apparaissent rougies
« Qu'au foyer souterrain de Mime et d'Alberich ;
« Car j'ai pris le plus grand, le fort père d'Eric
« Et Senta, qui, d'Elsa jusques à Brunehilde,
« Galope, par Ortlinde, et nage, par Flosshilde ;
« Le haut pasteur de verbe et de sonorité ;
« Et, l'ayant sous ma large envergure abrité,
« Je l'ai sauvé de mal et de désespérance,
« Afin que, sur l'art mort, plein de débile transe,
« Il plantât sa forêt de mystère et de bruit,
« Où la nature entière a sa fleur et son fruit ;
« Où s'entend déferler le flot de Cournouaille
« Et hurler le dragon Fafner, quand le fouaille
« Le valeureux enfant de Sieglinde et Siegmond ;
« Où l'heureux Walhalla resplendit, en son mont,

« Plein de héros joyeux qu'aiment les Walkyries ;
« Où les blessures des Amfortas sont guéries,
« Ressuscités les Titurel et les Kundry,
« Sous le vainqueur toucher d'un *Pur-Simple* attendri,
« Père de Lohengrin, à qui je m'assimile...
« Et des types par cent, et des mythes par mille :
« Iseult près de Tristan, Brangoene et Kourwenal,
« La reine énamourée éteignant le fanal,
« Cependant que la chasse insidieuse abonde
« En fanfares, qu'elle ose attribuer à l'onde,
« A l'oiseau, dans son fol désir de ton retour,
« O Tristan que Brangoene avertit de la tour !
« — J'ai dit, je meurs ; je suis vivant, comme Empédocle,
« A jamais ! car mon nom fait corps avec ton socle,
« Père d'Eva, de Sachs, de Walter, de Pogner,
« Toi, le Prince, le Roi, le dieu Richard Wagner ! »

Et tu l'as dit ! Le vrai, de la mort, se dégage,
Et, de vivre, et sans fin être béni, le gage
Pour Toi, Prince, réside en ce royal appui
Conféré, par ta droite, à celui qui fut *Lui* !
Tu peux dans le bûcher t'élancer avec Grane,
Ou consommer sous l'onde une union profane
Avec Woglinde... ton Saint-Graal est à toi :
C'est l'œuvre du Héros érigé par ta foi.
Sois donc le Parsifal de cette œuvre d'oracle,

Dont sans fin, sous ton nom, se refait le miracle !
Et, pour ce qui te peux rester de Tannhauser,
Ton sceptre a reverdi ! Que nul ne puisse oser
Mêler ton souvenir qu'à ces royales fêtes,
Que pour l'éternité ta Grâce nous a faites,
Et dont, à tout jamais, d'harmonieux réseaux
T'acclament le Walter de ce Pré-des-Oiseaux !

29 Juin 87.

SALLE COMBLE

> *Les ténèbres et lui se parlaient.*
> BANVILLE.

Puisqu'il aimait traiter des ombres
A diner dans ses châteaux bleus
Qui gardent les souvenirs sombres
De ces rendez-vous fabuleux ;

Puisqu'il osait donner des fêtes
A des Maréchaux trépassés
Dont les perruques et les têtes
Sont des oublis et des passés ;

Puisqu'il engageait des fantômes,
Des revenants, à ses repas,
Et qu'il percevait leurs atomes
Et prétendait ouïr leurs pas ;

Tout s'explique : sa solitude
Et la représentation
Où toute une sollicitude
L'isolait devant l'action.

Un odieux fonctionnaire,
Une vaine dame d'atour
Auraient pris la place ordinaire
De Madame Pompadour,

Et Madame de Parabère
N'eût point goûté l'heur de se voir
Assise à côté de Tibère
Ou bien de Roger de Beauvoir.

* * *

La salle, pour lui, n'était pleine
Que, surtout, *déserte* ! et pourvu
Que nulle figure vilaine
N'en chassât le spectre prévu.

Or on comprend dans quelle rage
Il était mis par un intrus
Osant accaparer, outrage !
Cette place des disparus.

A ses yeux errant sur le vide
Des balcons hantés d'irréel,
Il fallait cet appoint livide
D'auditeur immatériel.

Il promenait sa vue insigne
Sur ces invités incertains
Lorsque Lohengrin sur son Cygne
Arrivait du fond des lointains

* * *

C'était, entre les faces mortes
De tous les maîtres oubliés,
Les types sortis en cohortes
Des livres lus et reliés ;

Briséis, à côté d'Homère ;
Shakspeare près d'Ophélia ;
Tout ce que le mythe agglomère,
Et ce que l'art multiplia ;

Lesbie, à côté de Catulle,
Tibulle, à Délie accolé :
Catulle qui finit en tulle,
Et Tibulle en bulle envolé.

Il en essaimait des mémoires,
Il en émanait des tableaux ;
Les unes, en robes de moires,
Et les autres en blancs péplos :

Les favoris d'Elagabale,
Et les mignons de Henri Trois ;
Les femmes de Sardanapale,
Et tous les goûts de tous les rois ;

Napoléon Trois en déroute
Et Louis Treize qui pâlit ;
Nabuchodonosor qui broute
Près d'Osymandias qui lit ;

Les grandes Muses inspirées,
Sapho, Sévigné, Staël et Sand,
Toutes les belles admirées
De tout le passé repassant,

Comme ce qui, d'une lecture,
Revient par bribes et s'en va,
Et qui peuple une architecture
De mille fronts que l'on rêva.

Et, rentré dans sa chambre ambrée,
A l'atmosphère d'encensoir :
« Nous avons eu belle Chambrée,
Murmurait Louis Deux, ce soir. »

DÉNI

> Mais toujours
> Attiré dans sa nuit par un amour étrange.
> BANVILLE.

La Patti fit l'entêtée
Et refusa cette aubaine
Que Sarah, certe, eût fêtée,
Sans rien vouloir pour sa peine,

De jouer devant la salle
Qu'à lui tout seul, peuple un roi,
Dans la salle colossale
De ténèbres et d'effroi ;

Dans la salle comme un gouffre
De vide et d'obscurité,
Où le souverain qui souffre
Du partage, est abrité ;

Le merveilleux égoïste
Détestant que soit distrait
Rien d'une tirade triste
Ou d'un éblouissant trait ;

Qui veut, pour sa vue unique,
Au vaste local désert,
La cothurne et la tunique
De l'acteur souple ou disert ;

Et, pour ses seules oreilles,
Les trilles et le soupir ;
Les voix n'étant pas pareilles
Lorsqu'il faut en divertir.

Mais tu trouvas ta rebelle :
La Patti n'a point voulu
Libérer la ribambelle
Des rossignols qui t'ont plu,

Devant ces écoutes d'ombre
Où l'on te sentait au fond
Attentif, auditeur sombre
Dans le mystère profond.

Adelina l'entêtée
Te refusa cette aubaine,
Que Sarah, certe, eût fêtée
Avec plaisir, pour ta peine

ALLIÉ[1]

> Ces éternels combats d'une nature double.
> BRIZEUX.

Les ordres viennent des montagnes
Où séjourne le Roi Louis...
Que lui font toutes ces campagnes ?
Ses yeux ailleurs sont éblouis.

Le Roi Louis est bien changé :
Son esprit est fort dérangé,
Une dent du devant lui manque :
Il est nerveux, pâle et s'efflanqué.

Il a perdu de sa beauté,
Il pleure sa virginité
Comme la fille de Jephté.

Il s'intéresse aux embuscades,
Mais ne parle que par saccades ;
Il interroge de nouveau
Sans attendre qu'on lui réponde...
Le Roi Louis est hors du monde,
Et le Roi Louis n'est plus beau !

---

[1] Journal de Frédéric III.

GREAT ATTRACTION

Le vertige du suicide
Attirant et mystérieux
Désormais, ô Prince, réside
À Berg, dans ton lac sérieux.

Jeunes hommes et jeunes femmes,
Le cœur plein de ton souvenir,
Vont te rejoindre sous les lames,
Puisqu'à nous tu ne peux venir,

Cela te fait mainte épousée
Rétrospective, et des amis
Que la vie âpre et courroucée,
Hélas ! ne t'avait point permis !

VEILLEUSES

On dit que tes amis exigent qu'une lampe
Brûle, éternellement,
Brûle, sur un autel, à l'abri d'une rampe,
        Pour toi, Prince Allemand !

Une colonne, un fût portant une lumière
Pour, en ton souvenir,
Luire d'une clarté, peut-être la première
        Apte à te définir.

J'ai ciselé ma lampe et, dedans, mis ma flamme,
Moi qui n'ai le pouvoir de t'aimer qu'à demi,
Pour, partiellement, rayonner sur ton blâme,
        O cher Prince ennemi !

CORDA

> Enchanté, tourmenté, et comme possédé par le démon de mon coeur.
>
> RENÉ.

On ajoute : A Munich, on t'installe une *Chambre Des Coeurs,*
Pour abriter le tien, dont, en son urne, tremble[1]
La vacillation de fureurs à langueurs.

Cent coeurs ont concouru pour cette servid'humbre,
D'amour ;
Mille, dix mille coeurs : le plus fort, le plus humble,
Ont offert, l'un, sa nuit, l'autre, versé son jour.

La décoration de cette salle sombre,
Et d'ors,
S'emprunte à tous les flancs, toutes les fleurs, et comble
D'une adoration la pyxide où tu dors.

O Coeur mystérieux, en tes nids de pin cimbre,
Caché
Perpétuellement !... monstrueux, et très simple !
Perché dans tes châteaux, sur tes sofas, couché !

---

[1] Au cours de cette pièce, l'oeil *lettré* distinguera sans peine par quel artifice prosodique d'une seule voyelle faisant, de deux en deux vers, chavirer la rime, l'auteur a tenté de représenter mécaniquement l'hésitation de ce caractère tout de soubresauts et de sursauts, d'anomalies et d'incohérences, ballotté du meilleur au pire, du suprême à l'extrême, d'une alternance incurable. N. DE L'A.

Par tes cygnes, traîné, dont le méandre souple
                    Berçait
Ta vaste nostalgie, et dont l'allure noble
Sous chaque frénésie incurable perçait.

O Coeur correspondant parfois aux gestes amples
                    Souvent ;
Entre l'énormité des Tibères de Naples
Et la naïveté des Purs-Simples, rêvant.

O Coeur obnubilé par des luttes plus sombres
                    Toujours !
Paraissant expier d'antérieurs opprobres ;
Sans changer de soucis, variant de séjours.

Toi que nulle union féminine n'accouple,
                    Tout seul
Dans le fond de tes bois de couleur de sinople,
Tout vivant inhumé sous l'inhumain linceul.

Quelque chose qui luit — quelque chose qui souffre.
                    Voilé ;
Et ce qui se refuse, auprès de ce qui s'offre ;
Et Nadir ténébreux sous Zénith étoilé.

Bacchus tumultueux enguirlandé de pampre,
                    Auprès
De quelque Oreste plus orageux et plus âpre,
Entouré d'Euménide et coiffé de cyprès.

Fleur de la Passion douloureuse qui grimpe
                    Au front,
Près de la rose Anacréontique, et s'agrippe
En bandeau mélangé d'ornement et d'affront.

Souverain esseulé même au sein de son groupe ;
                    Forcé
De se prononcer contre, en ces luttes d'Europe,
Notre pays où son amour s'est amorcé.

O désorienté reflet qui glisse et rampe !
                    Lueur
D'un exilé flambeau muré sous une trappe
Dont la fêlure à peine avoua la bleueur.

O stature en défaut qui se voûte et se cambre,
                    Hélas !
O Pégase effrayé qui s'abat et se cabre,
Audacieux et mol, impétueux et las !

Signature de roi qu'un bonnet de fol timbre :
                    Louis !
Ton hésitation est-elle à la fin libre,
Chauve-souris énorme aux cercles éblouis ?

Mais puisque, dans München, on te vote une chambre
                    Du Coeur,
Puisse le souvenir de ton cycle macabre
Dans ce doux Ex-voto dépouiller sa rancoeur !

Chambre d'autant de coeurs qu'on voit d'yeux,
                              [en tel nombre,
               Aux paons
De Linderhof, là-bas, dans ton kiosque peu sobre
De style, de pourpris, de luxe et de dépens.

Voici des coeurs de rose, en le soir qui s'estompe,
                   Chéri
De ton goût pour Vesper, où la course galope
Du coursier de Brunhild, du cheval de Kundry !

Voici le coeur des lis à la divine hampe,
                Choeurs fous !
Et le coeur d'Amfortas saignant comme une grappe,
Et tels que nous voici, Monseigneur, après Vous !

REINE THOR

> Les chastes pèlerines furent émues au spectacle de ces âmes égales en innocence, qui devaient devenir inégales par le péché ; les unes restant immaculées, les autres portant la marque des clous avec lesquels les passions les attacheraient un jour au sang et à la chair.
>
> C.

Amfortas, mythe énorme, étrange, sans pareil,
De l'âcre volupté par-dessus le réveil !
Tannhäuser survivant à sa croix refleurie,
Pour écouter couler sa blessure qui crie !
Et pour voir s'écrouler, devant le Simple-Pur,
Sa puissance de sang qui vient du ciel d'azur.

 Amfortas est guéri du regard de la Femme ;
Mais non de ce regard qui transperce mieux l'âme
Et que le fer contracte au côté d'un Jésus ;
Pourpre vive qui mieux ronge que le délyre
Des voiles confiés à Kundry-Déjanire,
Pour Ulysse-Amfortas, par un Klingsor-Nessus !

Le flavescent *Élu*, le Parsifal mystique,
N'a point trop à lutter pour se garder pudique,
La vertu lui plaît mieux que l'âcre volupté :
Tels, l'ange aux cheveux blonds, et l'homme
                        [aux boucles sombres

Trouvent, en leurs berceaux, les clartés ou les ombres
Du fauve ou doux pelage à leur âme adapté.

Le fils de Titurel jalousera le Vierge
Qui vient pour lui voler l'ardent regard du cierge
De fer, dont l'oeil de flamme éclairait le Saint-Lieu ;
Et l'heur de s'enivrer à l'extase partie,
Qu'en son vase myrrhin, Joseph d'Arimathie
Vendange au grain sanglant, coeur écrasé de Dieu.

ENCAN

> Car ses promenades sont si diverses, et ses masques et déguisements se font en tant de sortes, tant croissant que descroissant, que les plus habiles de ceux qui s'adonnèrent à contempler son naturel, se despitaient eux-mêmes.
>
> PLINE.

On a vendu tes costumes,
On a vendu tes atours,
On a vendu tes coutumes
On a vendu tes contours.

On a vendu tes toilettes,
On a vendu tes chiffons
Et tous les vains amulettes
De tes secrets peu profonds.

On a vendu tes musettes,
On a vendu tes bijoux,
Et toutes les amusettes
De tes mystères-joujoux.

On a vendu portemantes
Avec décrochez-moi-ça,
Et mille choses dormantes
Que l'oeil curieux froissa.

On a vendu tes défroques,
Et tes frusques et tes frocs,
Et tous les habits baroques
Que tu portais sur tes rocs.

Tantôt un prince en achète,
Tantôt un Comédien ;
Et ta royale cachette
Devient le mien et le tien.

On a vendu voile et toiles
Grain à brin, et brin à grain,
Dont, sous les yeux des étoiles,
Tu te jouais Lohengrin !

WAHNFRIED

> Ce n'est point un son mort dans les airs répandu,
> C'est un verbe vivant dans le coeur entendu.
> A. L.[1]

Par quels mystérieux orchestres de délyres
Noter ton aventure, ô surhumain Wagner,
Maître prodigieux des sistres et des lyres,
Qui, sur le choeur céleste, aujourd'hui dois régner ?

Prométhée inouï, plus rayonnant que l'autre,
Ayant volé le Ciel d'un rayon musical,
Et pillé l'infini, pour élargir le nôtre,
Et, qu'aux Olympiens, l'homme, enfin, fut égal.

Ton châtiment, à toi, fut d'abord : sur la roche
De Rheingold on te cloue, ô merveilleux mortel !
Et ton Océanide au trio qui s'approche,
C'est la fille du Rhin, et, son or, pour autel.

Le supplice fut long, plein de lie et de larmes,
Ton génie y prélude, et lorsqu'il se sent mûr,
On l'entend s'essayer au cliquetis des armes
Que reforge Siegfried, adolescent et sûr ;

---

[1] Ces deux vers sont extraits des *Méditations poétiques* d'Alphonse de Lamartine.

Les armes dont il doit pourfendre la bêtise
Du dragon écailleux, du risible Fafner,
Avec lequel il sied que jamais ne pactise
Celui qui marche droit en chantant haut son air

*
* *

Siegfried qui serre un ours entre ses bras robustes,
L'ours de l'aveuglement lourd, stupide, insensé,
Et le tord, dans l'effroi des renversements brusques
Où l'affreux hurlement n'a plus recommencé.

Mais déjà les Iseult ont lissé leurs écharpes,
Les Walter ont noté leurs lieds sous les hivers,
Et les frémissements inconnus de ces harpes
Veulent s'ébruiter de par les univers.

D'avance il expia, le Prométhée insigne,
Le larcin qu'il inflige à l'Olympe ajouré ;
Maintenant le voilà détaché par le Cygne
Qui l'emmène au rivage où plus rien n'a pleuré.

Cygne d'un Lohengrin formé par la lecture
De ta partition confiée à l'Enfant
Des rois de ton pays, dont la progéniture,
Au jour marqué par Dieu, se lève et te défend,

Ce Lohengrin-Louis qui vient près de Lucerne
Te chercher dans Tribschen dont le nom fut gardé ;
Et qui, pieusement, tout d'abord, se prosterne
Devant la table auguste où tu t'es attardé.

Tu rentres ; l'on t'apprend qu'un ange, en ton absence,
Est venu pour te prendre, et s'est agenouillé
Dans ce lieu qu'on lui dit sacré par ta présence,
Et que son regard noir, de rêve, était mouillé.

Oui, c'était bien l'Archange élu que le ciel donne
A qui porte sa foi plus loin que le danger,
Quand le jour est venu, quand l'univers entonne
L'Alleluia de gloire, et que tout va changer.

Et tout change, en effet ; plus d'affreuse besogne,
Plus de contrainte horrible, ou d'indigne labeur ;
Voici de toutes parts que l'Aigle aux vitres cogne
Pour obtenir sa place au nid du grand Harpeur.

Bayreuth a résonné ; voici que ressuscite
La ville où le Margrave, aujourd'hui, c'est toi seul,
Qui rejettes bien loin, dans leur ombre, et bien vite
Ces petits potentats rendus à leur linceul.

Car le roi de Bayreuth, c'est vous, et de Bavière,
Maître ! et de la Musique, et du Nombre, et du Ciel !
Car, honni soit qui mal y pense ! une âme fière
Imitant ce Louis, tient pour essentiel

De prendre à votre tombe une feuille de lierre,
Tel que, de votre style, il fit, devant Tribschen ;
Et, dévot prosterné devant la noble pierre
Dont se clôt ce sépulcre, y voler un lichen,

Qui lui sert, au retour, à faire un lit de mousse
Aux espoirs miroitants, aux souvenirs royaux ;
Car, vous avoir ouï nous peuple de voix douces
Pour qui votre brin d'herbe a des tons de joyaux.

*
* *

Et Parsifal est né ! *Parsifal,* le Mystère
Entre tous ! le vrai lieu de la Conversion
Que le Ciel a permis de montrer à la Terre
Pour qu'il y fût encore une auguste Sion

Où s'abîmer d'amour, où nous sentir reprendre
Notre coeur, à deux mains, dans nos perversités ;
Deux invisibles mains qui veulent nous le rendre
Veuf de concupiscence, et pur de cécités ;

Deux invisibles mains de l'écuyer sublime
Qui prépare ainsi l'homme aux graves lendemains,
Alors que Montsalvat devient Hiérosolyme !
Deux invisibles mains, deux invincibles mains !

Car c'est nous qu'on désigne en engageant l'ouaille
Elue, encor farouche, au céleste banquet ;
Lorsque l'être, encor plein d'obscurité, tressaille,
Mais n'a point vu sa place où l'invité manquait.

Mais, nous, c'est Amfortas, surtout, le roi qui pèche !
Celui que, pour guérir, il faut interroger,
Pour que la langue en feu du remords qui le lèche
Enfin s'éloigne, enfin consente à s'abroger.

Amfortas, le pêcheur qui retombe et soupire,
Sans les prosternements d'une fauve Kundry ;
Coeur dont le repentir incessamment expire
Dans la nouvelle faute, avant d'avoir guéri !

*
* *

Que dire de Bayreuth ? Que penser de ces choses
Dont nous doutons, lorsque nous sommes revenus,
Et qui, plutôt, sembleraient des apothéoses
Par un regard voyant, surprises dans Vénus !

O disproportion, de ce songe, à nos rêves !
Qu'inventent les plus grands, d'égal à ces plaisirs ?
De quel baiser de vague aduler, sur ces grèves,
La mémoire du dieu qui nous fit ces loisirs ?

Barde, musicien, sculpteur, peintre, architecte ;
Shakspeare, Bramante, Carpaccio, Beethoven,
Qui donc, auprès de lui, peut sembler qu'un insecte ?
Quel autre osera-t'on certifier divin ?

Lui qui régit les sons des flots et de la feuille
Et leur fait formuler ce qu'ils ont bégayé ;
Sons qu'il semble, sans fin, que l'un et l'autre veuille,
Que l'Océan et la Forêt n'ont qu'essayé ;

Mais que l'orchestre, enfin, développe, et module,
Trahissant le secret de l'univers voilé,
Que Kundry l'orgueilleuse enfermait dans son tulle,
Et dont Madeleine, humble, en mourant a parlé.

Lui qui charme le vent dans la cloche qui pleure,
Qui fait s'éveiller l'ombre, et mourir la clarté,
S'illuminer l'aurore, et s'évanouir l'heure
Où sur le lac s'exalte et s'éplore Astarté !

*
*   *

D'où vient que ce matin plus mystique me semble ?
D'où vient qu'un jour nouveau vient de sonner pour moi ?
D'où vient qu'au souvenir du passé, le cœur tremble,
Et qu'on se sent vibrer d'un plus pieux émoi ?

L'Oberammergau vrai, celui de Franconie,
Dessille mieux les yeux que celui du bourg saint ;
La vérité n'est pas la mise en scène unie
De ce que l'Evangile, en son chapitre, ceint.

Le sacrilège est près d'un dieu qu'on représente ;
Il y faut la figure et l'adaptation ;
Wagner l'a bien compris ; mais, si Jésus s'absente,
Parsifal reste près de notre émotion.

L'œuvre s'opère en nous, sans un seul monitoire ;
Aucun prêtre, que l'art ; nul prêche, que l'amour ;
Mais notre piété, de là, sort plus notoire,
Et cet internement, dans la nuit, fait le jour.

Rien ne s'élève en nous pour blâmer ou maudire ;
L'inquiétude cède aux célestes accents :
La lumière d'en bas de nos fronts se retire ;
La lumière d'en haut s'épanche dans nos sens.

Nous ne sommes plus rien que des pèlerins sages
 Ayant laissé leur joie et leurs peines ailleurs,
Extasiés, perdus, ayant sur leurs visages,
L'obscurité qui fait qu'on ne voit pas les pleurs.

Le silence profond, religieux, épure ;
On est plus près d'entendre étant venu de loin ;
La vision s'éclaire, en l'atmosphère obscure,
Et quelque peu d'exil nous rend meilleur témoin.

Des spirales de son s'élèvent de la conque
Où les musiciens abritent leur remous ;
Et le dehors s'oublie, et plus rien de quelconque
Ne saurait nous reprendre à ce meilleur de nous.

Comme de l'horizon la marée accourue
Enorme, arrive douce aux pieds qu'il faut baiser,
L'harmonie est, sans fin, décrue, et puis accrue,
Car la noble caresse est savoir s'apaiser.

Bouche d'ombre, tantôt pleine de violence,
Et, tantôt, de douceur, où tu te transportas,
Cet orchestre inouï dont la plainte s'élance
Devient béant, ainsi que ta plaie, Amfortas.

Tu la tiens de la lance aiguisée et saignante
Sous laquelle s'ouvrit le côté du Sauveur ;
C'est pourquoi la blessure en est plus que poignante,
Sachant, à l'amertume, ajouter la saveur !

Alors le sang du prêtre inonde cette salle,
Envahit et ruisselle ! ô sang mélodieux !
Béante symphonie ! extase colossale !
Baptismale saignée ! ulcère radieux !

En ces moments sacrés on dit que des coups d'aile
Immenses ont parfois retenti dans ces murs,
Comme si ton esprit, tel qu'un Phénix fidèle,
Maître, venait vers nous du profond des azurs,

Communiquer ton souffle à tes grands interprètes
Qu'une flamme soudain semble transfigurer,
Et qui n'ignorent pas que, ces ardeurs secrètes,
Ta présence, un instant, vint les leur procurer.

Tout ce qui peut tenir de mystère et d'extase
Se concentre, pour nous, à cette heure, en ce lieu ;
Et mille cœurs unis ne font plus qu'un seul vase
Où s'écoute pleurer la détresse d'un dieu.

Et Kundry reparaît, mais muette, plaintive
A peine ; un seul mot vient à sa bouche : servir !
Des yeux de Parsifal elle est toute captive
Et ce regard peut, seul, désormais, la ravir.

Comme il est éloquent, ce silence admirable,
Et pénitent, qu'inflige, à la voix, ce final ;
A la voix qui se tait, trouvant plus adorable
De se perdre en Celui qui repousse le mal !

Les fleurs, les filles-fleurs, perfides séductrices,
Sont mortes ; on a vu leurs charmes se flétrir ;
Et, de Klingsor vaincu, les suaves actrices
Laissent du chœur des champs chuchoter le soupir,

C'est le charme du Saint Vendredi qui prélude ;
La lance sainte approche et guérit le pécheur.
Rois pécheurs, nous voici ! rien dans nos cœurs n'élude
Cette absolution dont s'offre la douceur.

Kundry rampe aux pieds blancs du *Simple-Pur*
                                                [qui monte
Et grandit, et rougit, sous l'éclair du Graal ;
Et pâlit, sous le vol de l'Esprit-Saint qui dompte,
Et veut que le triomphe, en lui, soit intégral.

Rampons auprès de toi, Kundry mystérieuse,
En qui vient expirer tout ce dont on souffrit ;
Eternel féminin, Hérodias rieuse,
Salomé qui soupire, Hélène qui sourit.

Kundry que, pour jamais, perdrait, avec le Vierge,
Rien qu'un baiser charnel, qu'il lui rend épuré,
Quand le Christique épieu reluit ainsi qu'un cierge
Et que l'esprit de nuit la déserte, apeuré !

Rampons auprès de toi, Kundry ressuscitée !
Qu'une plume d'argent du Paraclet divin,
Pleuve en notre âme blanche et réhabilitée...
Et que brûle en nos coeurs l'Eucharistique vin !

ENVOI

J'ai vu Wahnfried, j'ai vu ton palais, ô mon Maître !
Un buste de Louis s'en est fait le veilleur ;
Sur le seuil on s'attend à te voir apparaître,
Le plus grand des humains, des hôtes, le meilleur !

J'ai vu le marbre où dort ce qui fut ta dépouille,
J'ai vu la dalle où pas un mot ne fut écrit ;
Couvercle sous lequel ta forme se verrouille
Pendant que, sur le monde, exulte ton esprit.

Qu'il daigne illuminer ce recueil taciturne,
Où ton astre sublime, en qui la Terre a foi,
Monte, sous le regard du triste oiseau nocturne
Dont le ciel a permis qu'il sût être ton Roi.

INTERVALLE

> Le Silence occupe les airs.
>
> L.

Vous souvient-il encor de cette Phantaisie
Dont le nom est fantasque ; enviable château
Dont le séjour agreste est plein de poésie
Et que le vert des pins vêt comme d'un manteau ?

C'était bon d'y goûter la douceur du silence
Après l'émoi du bruit,
Et de sentir son cœur, sous le saint coup de lance,
S'entr'ouvrir comme un fruit.

C'était beau d'y porter l'extase de la veille,
Qui survivait en nous,
Comme un ciel enfermé dont l'âme s'émerveille
Et dans lequel pleuraient nos rêves à genoux.

SCHLOSS

L'Ermitage de la Margrave Franconienne,
L'avez-vous oublié,
Singulière maison, plus vieillotte qu'ancienne,
Au décor replié ?

Ses arceaux ajourés dans un enduit rosâtre
Où courent des dessins,
Et la salle de bain aux orangers de plâtre
Teintés de verts malsains.

Et ce Ruscotinus dont la coiffure pousse
Et s'échevèle tant,
Arbuste qui ressemble à la perruque rousse
D'une Dame d'antan,

J'aime à me souvenir de ces doux voisinages
Des sublimes Bayreuths,
Et même du menu de ces grands engrenages
Où l'on n'était qu'heureux !

WHILELMINA[1]

« La duchesse de Saxe étalait deux tétasses
Molles, qu'elle fouettait pour y tirer les yeux :
Soixante ans, les cheveux marrons, en tignasses,
Pleins de pompons de rose ; on eût dit l'arc-en-cieux
Tant son corps reluisait de pierre colorée.
— J'eus, pour me marier, une robe dorée
D'un point d'Espagne autour d'une trame d'argent.
Ma traîne avait, de long, vingt aunes s'étageant
Par quatre dames. Sous ma couronne royale
Et vingt rouleaux, gros comme un bras, la renfermant,
Je dus en faiblissant aller de salle en salle
Et manquai de périr sous cet accoutrement.
— Mes brocarts de Bareith étaient couleur de crasse,
La hautelice en loque, aux sujets si passés
Qu'on les eût pris pour des ombres de trépassés.
Les rideaux de mon lit que l'usure harasse,
En pièces s'en allaient au bout de quinze jours.
— Je reçois la noblesse, en ses habits trop courts,
Ou trop longs, noirs de poux, aussi vieux que
                                  [leurs maîtres ;
Sortes d'épouvantails pour les petits enfants ;
A peine de leur rire au nez je me défends.

---

[1] Margrave de Bayreuth, auteur des *Mémoires*, dont cette pièce rappelle le ton bizarre, et interprète, presque textuellement, certains passages, non moins singuliers.

Suivent des animaux d'autre sorte, des prêtres,
Avec des fraises qu'on prendrait pour des paniers.
Les femmes aux cheveux comme un nid d'hirondelles,
Bourré de vilenie ; et, sur ces haridelles,
Des rubans, de quoi mettre à vingt gonfaloniers.
Il me faut tenir tête à trente-quatre ivrognes,
Cette arche de Noé me donnant cent besognes
Bonnes à faire rendre et tripes et boyaux.

— Retour de la duchesse, en ses plaisants joyaux
D'habitude, fleurie et toute requinquée,
Sous ses colifichets, où point ne fut manquée
La guerre à ses tétons flétris et surannés
Qu'elle recommença (pour y tirer le nez)
De fesser et fouetter, m'appelant « sa chère âme ! »
— Ainsi coulait le style, ainsi courait la trame
De mes mémoires aux relents secs et fanés
Où l'on me voit, avec ma suivante chérie,
Près d'un ragoût plein d'os et de saloperie ! »

RECHUTE

> *Le pur enthousiasme est craint des faibles âmes.*
> VIGNY.

Vous qui fûtes grisée au pays du Graal,
Grisée avec la foi, le respect, l'idéal,
L'amour mystérieux et mystique des âmes ;
Le cœur plein de parfums que là-bas nous puisâmes,
(Là-bas, disons là-haut ! c'est celui d'ici-bas)
Vous tâchez à remettre, hélas ! vos jours au pas,
Vos jours, une heure enfuis au séjour des archanges ;
Et, retombée au seuil des sourires étranges,
Vu qu'ils sont faits de nuit, d'ignorance, de rien,
Vous m'écrivez, charmant sourire aérien,
Cygne exilé du lac des nobles rêveries,
Effrayé de se voir reprendre à ses féeries,
Douce, mélancolique, altière Sévigné,
Vous m'écrivez, avec ce scrupule indigné
De l'admiration que trop tôt on élague,
Vous m'écrivez avec cet accent résigné,
Rédigé fier et beau comme un vers d'Aubigné :
« Dure ! la redescente au pays de la blague ! »

SUGARED

Henry Wriotesly, Comte de Southampton,
Fut-il donc plus superbe et plus divin qu'un ange ?
L'espèce de statue où Shakspeare le change
En hausse à l'infini l'envergure et le ton.

O ces *sonnets sucrés* d'origine bizarre,
O ces sonnets sucrés, sont-ils enfin sacrés ?
Sont-ils enfin sacrés, ces doux sonnets sucrés,
Pour le rêveur élu que leur méandre égare ?

Comme le chantre haut d'Ysold et Brunehild
Aima son dieu, son roi Louis Deux de Bavière,
Ainsi l'homme d'Hamlet t'offre son âme fière,
Comte de Southampton et baron de Tichfield,

Et, pour l'éternité, mystiquement soupire
Ce quatuor étrange, ineffable et poli
De Wagner et Louis, près de William Shakspeare
Et son Très Honorable Henry Wriotesly.[1]

---

[1] Henry Wriothesley, 3e comte de Southampton (1573-1624). Les deux poèmes narratifs de Shakespeare, intitulés *Vénus et Adonis* et *The Rape of Lucrece*, ont été dédiés à Southampton, qui est généralement considéré comme le *Fair Youth* des *Sonnets* de Shakespeare.

Commentaires

Issu d'une illustre famille, le Comte Robert de Montesquiou (1855-1921), fut un célèbre dandy, homme de lettres et critique. Poète, homosexuel et mondain insolent, il aurait servi de modèle à des Esseintes, le héros d'*À Rebours* (1884) de Karl-Joris Huysmans, et fournit à Marcel Proust l'un des modèles du Baron de Charlus dans *À la recherche du temps perdu,* ce qui le rendit furieux malgré les dénégations de Proust.

Robert de Montesquiou évoque le sujet de ses *Chauves-Souris* dans la préface de son recueil :

> Le sujet du Poème, c'est le NOCTURNE dans la Nature, et dans l'Ame.
> L'étrange volatile qui lui donne son titre, m'a semblé représenter, par son inquiétude et son incertitude entre la lumière et l'ombre, l'état d'âme des Mélancoliques.
> Tout d'abord, ainsi que l'offrent à voir les peintres Japonais, je fais se détacher le vol ténébreux sur le disque lunaire.
> Viennent ensuite les Grandes Chauves-Souris humaines telles qu'elles nous impressionnent dans le passé de l'Histoire, avec leur cortège de honte et de douleurs, et, parmi elles, ce Louis de Bavière qui en fut le type transcendant et inégalable.
> Autour de ces coupables, et de ces malheureux, une clarté d'astre se répand aussi, qui les éclaire, et qui les console. Elle émane des fronts féminins qui se lèvent à leur tour, comme la Lune, montent, croissent et brillent, comme elle ; comme elle, périssent et se meurent.

Dans ce recueil, les poèmes consacrés au Louis II sont regroupés sous le titre de *Rex Luna (Le roi Lune),* un surnom déjà évoqué dans le poème du *Décadent* et qu'on retrouvera chez Guillaume Apollinaire.

Lors de la parution du recueil *Les Chauves-Souris* Anatole France en donna une remarquable critique que le journal *Le Temps* du 13 novembre 1892 publia dans une rubrique intitulée « La Vie littéraire » :

LA VIE LITTÉRAIRE
LE COMTE ROBERT DE MONTESQUIOU
Les Chauves-Souris, Clairs-Obscurs, 1 volume in-4°

Le poète qui se révèle aujourd'hui tient son nom d'une des quatre baronnies de l'Armagnac féodal. Il sort de cette branche affinée des Montesquiou-Fezensac, qui produisit, à la fin du dix-huitième siècle et au commencement du dix-neuvième, des seigneurs philanthropes, des généraux poètes, des législateurs bienveillants. Le marquis de Montesquiou siégea à la Constituante et y fit preuve de modération et de désintéressement. Cet homme d'épée avait des idées neuves en matière de finances. Il était lettré et composait d'aimables comédies. Le comte Pierre de Montesquiou, son fils, montra dans des temps difficiles une paisible sagesse son petit-fils, le général, après avoir été à Essling, à Wagram, à Hanau, composa un poème en vingt-quatre chants, moins épique, sans doute, que sa propre existence. Amusements énormes et ingénus d'un héros vieillissant. Tous ces Montesquiou paraissent dans notre histoire politique et parlementaire avec une bonne grâce, avec une fine intelligence qui est leur air de famille. Le plus célèbre d'entre eux, parce qu'il fut le plus agissant, l'abbé, ministre de Louis XVIII, montrait lui-même dans l'intimité ces qualités natives qu'on ne retrouve guère dans sa politique. « Il avait, dit un homme d'Etat qui l'approcha, le cœur plus libéral que les idées ». N'a-t-il pas répondu très joliment à ses amis, qui lui reprochaient d'avoir nommé un protestant, M. Guizot, secrétaire général « Croyez- vous donc que je veuille le faire pape ? » Je ne rappelle pas ces personnages avec le dessein de les retrouver, de quelque manière, dans leur petit-neveu, dans leur petit-fils, dans leur descendant actuel. Quand bien même je me sentirais attiré par l'idée séduisante de rattacher à cette brillante lignée un esprit qui en pourrait marquer le point extrême d'affinement et en qui, tout au moins, elle n'a rien perdu en fierté, en courtoisie ni en délicatesse, je craindrais de me perdre dans le dédale des lois certaines, mais obscures de l'hérédité. Il me suffira de vous avoir présenté M. Robert de Montesquiou dans sa galerie de portraits historiques. Et, ne fût-ce que par une fantaisie, qu'on peut tourner au symbole, je rappellerai encore un de ses aïeux, plus lointain celui-là, et plus romanesque, d'Artagnan le mousquetaire. Il y a du mousquetaire tourné à l'artiste et au poète dans M. Robert de Montesquiou, qui est, si l'on veut, le d'Artagnan du rare et de l'exquis. Tout jeune, sans avoir rien livré de son œuvre, et gardant en tout la discrétion d'un galant homme, il avait sa légende qui, comme toutes les légendes, cache un fond de vérité sous une broderie de mensonges. On lui attribuait des raffinements merveilleux de vie, une recherche inouïe de l'exquis, la maladie délicieuse du rare et du précieux. On disait qu'il avait enchâssé des rubis et des émeraudes dans la carapace d'une tortue vivante, devenue digne ainsi de marcher sur les plus somptueux tapis. Et quand un romancier d'un talent coloré créa le type d'un Héliogabale parisien, on voulut retrouver, dans le des Esseintes de M. J.-K. Huysmans quelques traits empruntés aux imaginations du comte Robert de Montesquiou. On eut grand'tort. M. de Montesquiou n'est pas un des Esseintes. Et si l'on peut pénétrer le secret de sa vie discrète et cachée, consacrée à un labeur charmant mais rude et prolongé, on ne retrouvera rien du Montesquiou légendaire et mythique, sinon un amant délicat des belles choses, s'entourant des formes de l'art qui répondent le mieux à ses rêves, vivant dans les somptuosités choisies du mobilier empire et du décor japonais, assez artiste enfin pour donner au ciseleur la maquette en cire d'un cuivre ornemental et à Gallé le modèle d'un meuble en marqueterie. On reconnaîtra que c'est là un Héliogabale bien innocent. Au reste sa grande affaire ce sont ses poèmes, qu'il compose au hasard et à la faveur de l'inspiration, mais qui se relient tous les uns aux autres par un lien ténu mais toujours ressaisi. Aussi s'est-il toujours refusé à donner aux revues des poèmes détachés. Il veut que son œuvre paraisse tout assemblée et le premier tome qu'il en donne, les *Chauves-Souris* (qui dans la pensée du poète suit un premier tome, encore inédit) forme un tout composé de pièces distinctes, ayant leur sens en elles-mêmes et leur sens dans l'ensemble. Mais sur ce livre, imprimé avec une sobre magnificence et vêtu de soie comme un mandarin, ne cherchez point le nom de l'éditeur. Ce livre ne se vend pas. M. de Montesquiou n'a pas risqué sa fierté jusqu'à offrir au public un livre qu'il ne destine qu'à des amis intellectuels, qu'à des parents d'âme et de cœur. Et je crains de trahir sa pudeur en parlant ici de l'homme et de l'œuvre.

J'offre à mes lecteurs un fruit à demi-défendu. Comme ils ne se procureront pas aisément un exemplaire de ce livre discret et secret, je dois leur en donner du moins ici quelques pages arrachées. Je les avertis que j'ai choisi les extraits avec l'idée de faire connaître le plus complètement l'esprit de cette œuvre étrange et belle. La chauve-souris, dont M. de Montesquiou a fait, pour cette fois, ses armoiries poétiques et qu'il a marquée dans le filigrane du papier comme sur la soie de la couverture et des gardes, est le symbole de son œuvre, l'allégorie des effets de nuit et de crépuscule qu'il s'est appliqué à peindre dans leur diversité infinie et avec les analogies morales qu'ils rappellent. On parle, dans un conte de fée du dix-septième siècle, d'une tapisserie qui représente tous les royaumes de la terre avec les villes, les paysages, les portraits des princes régnants et leur arbre généalogique, et qui est tissée si finement qu'on peut la passer dans une bague. On songe à cette broderie féerique devant ce poème composé de poèmes, qui sur ce motif rapide de la chauve-souris, chante tant de choses de la nature et de la vie.

Le poète a conçu la chauve-souris comme l'emblème des heures douteuses et des âmes incertaines.

ESSENCE

Repoussés des oiseaux qui leur veulent des plumes,
Des fauves refoulés qui les voient s'envoler,
Perpétuellement martelés aux enclumes
Du clair et de l'obscur qui les font s'affoler,

Eux-mêmes frémissants des terreurs qu'ils inspirent,
Malsains énamourés de leur perte sans fin,
Inventeurs de ce dont leurs misères s'empirent,
Ecœurés du mortel —exilés du divin.

A chérir innocents, comme à plaindre coupables ;
Victimes d'un malaise incurable et formel ;
Quelques-uns irrués aux forfaits improbables,
Les autres cachottiers d'un improbable miel.

La première partie du poème représente la nuit dans la nature, et, pour évoquer une image de goût japonais, la chauve-souris sur la lune. Il a varié infiniment ce thème mélancolique.

[…]

La deuxième partie de ce poème, que je comparais tout à l'heure à la tapisserie fée où l'on voit tant de choses de la nature et de l'homme, représente la chauve-souris humaine passant sur la lune symbolique. Et pour le poète, l'homme chauve-souris c'est l'être inégal à ses rêves, incertain entre le génie et la folie, c'est celui qui mêle l'exquis au monstrueux. Le type le plus parfait de ces âmes amphibies est, selon le poète, le roi Louis de Bavière, qui, précédé d'une longue théorie d'aïeux intellectuels, apparaît dans le poème, comme un esthète dément, qui dormit sa vie dans un rêve d'art, sublime et coupable. Je citerai l'endroit où le poète fait parler ce solitaire somptueux au moment même où il se réveille de la vie, la tête hors des eaux dormantes qui vont le recouvrir.

[…]

Puis le poète se demande, avec le populaire, dont il aime les dictons, les proverbes et les maximes, que deviennent les vieilles lunes ? Ou va tout ce qui a brillé, puis disparu ? Où vont les vieilles lunes de Trianon, de la Malmaison et des Tuileries, incendiées et rasées ? Dans sa pitié charmante, le poète leur donne un refuge à Venise, la vieille lune des villes. Puis, enfin, à l'aube du jour et de l'avenir, il cherche parmi les fantômes promis à la vie, une forme assez pure, assez mystérieuse, assez charmante pour être une nouvelle lune. Il la trouve et ne la nomme pas.

J'ai essayé, sans y réussir, je le sens bien, de donner une idée de cette œuvre fine et grande, savante et sensible, ingénue et ingénieuse, colorée et nuancée, neuve et pleine de tradition charmante, qui m'a ravi trois jours dans un monde enchanté. Par la magie de M. Robert de Montesquiou, j'ai vécu comme Chaucer au pays des fées, j'y ai vu des vergers fleuris, des dames, des chevaliers une ombre douce et de blancs rayons de lune y caressaient les amants et les rêveurs, et l'on y entendait des soupirs véritables.

ANATOLE FRANCE

À lire *Rex Luna*, le lecteur familier du roi Louis II et que sa vie passionne se rend compte sans peine de la connaissance approfondie dont dispose son auteur de la biographie de son royal sujet et du somptueux environnement que ce solitaire s'est créé. Ainsi Montesquiou connaissait-il l'invitation que Louis II avait adressée à la cantatrice Adelina Patti de venir chanter pour lui et que celle-ci avait refusée, et savait-il que Sarah Bernhardt, qui avait créé la *Theodora* de Victorien Sardou à Paris, aurait sans doute accepté avec empressement de venir la monter à Munich. C'est aussi à juste titre qu'il inclut les thèmes wagnériens à l'évocation du roi de Bavière qui ne cessa de soutenir le génial compositeur. Et l'on ne s'étonne pas de voir apparaître Shakespeare que le roi appréciait et avec lequel il partageait — mais le savait-il ? — de mêmes attirances.

Paul Gérardy — D'orgueil
1893

J'avais des rêves immenses

Comme l'âme de Wagner ;

Hélas ! je n'ai su trouver

Mon Saint-Louis-de-Bavière.

Je suis le Prince Lirelaire

Aux tristes aventures ;

Je chevauche et je ris quand même

Et chante à l'aventure.

Mais les palais que j'ai rêvés

Hélas ! ne seront pas ;

Hélas ! pour tous ceux qui viendront

Et ne les verront pas !

Commentaires

Le poète belge Paul Gérardy (1870 -1933) publiait en 1893 ses *Pages de joie*, dans lesquelles figuraient les *Chansons du Prince Lirelaire*, qu'il reprit en 1898 dans un recueil de poésies intitulé *Roseaux*. Il évoque le compositeur Richard Wagner et Louis II de Bavière dans son poème « D'orgueil II ».

On trouve quelque éclairage sur l'art poétique de Paul Gérardy dans le *Rapport à M. le ministre de l'Instruction publique et des beaux-arts sur le mouvement poétique français de 1867 à 1900*[1] que rédigea Catulle Mendès. L'écrivain y a réuni quelques opinions publiées dans des articles sur les recueils de poèmes écrits par Gérardy entre 1892 et 1894 :

> M. Gérardy nous tend ses délectables *Pages de joie*. J'ai dit toute l'admiration que je sentais pour ce jeune poète dont la pensée française se teinte si légèrement de germanisme. [Stuart Merrill, *L'Ermitage* (1893).]

> M. Paul Gérardy est un des jeunes poètes belges le plus excellemment simple et chantant. Son premier volume était fort joli. Voici un recueil de mélodies douces et harmonieuses, où l'influence de Verlaine n'empêche point une très personnelle sensibilité, un tact frileux, quelque hésitation devant la vie, et beaucoup d'art. C'est charmant, en vérité, de voir venir de temps à autre de là-bas ces minces volumes de vers ingénus, pleins de musique, nimbant des sentiments simples d'une langue naïve, d'une authentique naïveté, avec

---

[1] Catulle Mendès, *Rapport à M. le ministre de l'Instruction publique et des beaux-arts sur le mouvement poétique français de 1867 à 1900 ; précédé de Réflexions sur la personnalité de l'esprit poétique de France ; suivi d'un Dictionnaire bibliographique et critique et d'une nomenclature chronologique de la plupart des poètes français du XIXe siècle*, Paris, Imprimerie nationale, 1902, page 327.

le petit goût vif d'un don réel des ressources du vers. M. Gérardy est vraiment imprégné de la mélancolie demi-souriante des ciels mouillés du pays wallon. [Camille Mauclair, *Mercure de France* (octobre 1893).]

Sous le joli titre de *Roseaux*, M. Paul Gérardy a réuni les poèmes qu'il composa de 1892 à 1894. Il serait, semble-t-il, facile de retrouver, dans les premières divisions du volume, des influences assez marquées de ceux qui sont des plus grands parmi les poètes actuels, et l'influence aussi, d'un bout à l'autre, d'une culture et d'une habitude de pensée germaniques. Non que ce soit là une dépréciation, car il est bon que s'introduise et que s'affirme d'une façon toujours plus définitive, dans la poésie française, ce sens du symbole exprimant indirectement les choses et conservant toute l'ampleur et la profondeur de la signification des images synthétiques, des faits et des êtres transitoires et partiels. Toutes les pièces que contient le volume de M. Paul Gérardy sont de courte haleine, trop courte parfois, mais l'habitude qu'on lui sent de la fréquentation des esprits philosophiques les plus abstraits, encore qu'elle gêne presque toujours l'émotion vivace et lyrique, l'aide à donner à ses poèmes une signification très vaste ; quelquefois, à vrai dire, vague et brumeuse. Mais si son émotion est encore trop souvent purement intellectuelle, ce recueil permet de dire que M. Paul Gérardy est un vrai poète. [Henry Davray, *L'Ermitage* (décembre 1898).]

Louis Le Cardonnel — A Louis II de Bavière

1904

> À Adolphe Retté

Vous, qui, devançant l'inéluctable Loi,
Avez étreint la Mort au lit d'une eau profonde,
Bien qu'ici-bas, Louis, vous ayez été roi,
Votre royaume, à vous, n'était pas de ce monde.

Suprême Chevalier des légendes d'azur,
Obstinément fidèle à leur splendeur pâlie,
Vous tourniez vers les jours évanouis d'Arthur
Des yeux couleur de mer et de mélancolie.

Et c'était comme un clair de lune intérieur
Qui blanchissait votre âme, ô Ludwig, et les fées
Vous appelaient tout bas leur candide Seigneur,
Vous, seulement épris d'impossibles trophées.

Sur l'hippogriffe, aux reins vainement révoltés,
Et qui frappe le soir de ses ailes de cuivre,
Oh ! partir vers des bois où dorment, enchantés,
D'antiques rois chenus, que votre appel délivre !

Et revoir, sur le seuil des palais abolis,
Que l'incantation, par les minuits, relève,
Les Dames et leurs Preux, s'éveillant des oublis,
Pour vous suivre, ô leur Prince, à des festins de rêve !

Un mâle Enchanteur vint, qui, par des sons, rendit
A vos songes l'antique et glorieux domaine,
Et le Magicien, que tous avaient maudit,
Vous dédia son œuvre, au mépris de la haine.

Vous étiez, à travers les somptueux accords,
Tous les Chevaliers purs qu'il évoque, et votre âme,
Votre âme, qui cherchait, dans le Passé, son corps,
Put frissonner d'orgueil, aux soirs fiévreux du Drame.

L'Advenu radieux, que l'innocente Elsa
Suivit, quand il partit, d'un regard nostalgique,
C'était Vous : cette enfant, votre cœur l'épousa ;
Puis la fuite du Cygne à l'horizon tragique...

Vous fûtes entraîné par le Sabbat vainqueur,
Poussant votre cheval à travers les bois sombres :
Les Mânes et la Nuit vous ont pris votre cœur,
Car ce n'est pas en vain qu'on provoque les Ombres.

Vous qui les adoriez, elles vous ont dompté :
Vous n'avez pas connu l'ardeur silencieuse
De ceux dont l'âme étreint la chaste Vérité ;
Vous avez écouté l'Ondine astucieuse.

Et maintenant, après tant de songes soufferts,
Peut-être, prisonnier d'un passé qui vous brûle,
Vous revenez, quand vibre en vos châteaux déserts,
Le cri walkyrien des paons, au crépuscule.

Commentaires

En 1916, Gérard Walch retraçait dans ses *Poètes d´hier et d´aujourd´hui* le parcours biographique de l'abbé Louis Le Cardonnel (1862-1936), en religion Frère Anselme :

> M. Louis Le Cardonnel a collaboré à de nombreux journaux et revues catholiques et symbolistes. M. l'abbé Louis Le Cardonnel, prêtre et poète, né à Valence en 1862, fut assez tôt préoccupé d'unir une vocation mystique à sa vocation poétique. Il ne devait cependant entrer dans les ordres que bien plus tard, après une jeunesse littéraire passée presque tout entière à Paris, où il fit partie, un des premiers avec Albert Samain, du groupe de poètes qui devait par la suite s'appeler « le groupe symboliste ». C'est dans les jeunes revues de l'époque qu'il publia ses premiers vers, où se révèle un sens musical profond, une aptitude rare à choisir l'image révélatrice du mystère intime des choses, une recherche de l'art pur, qui étaient d'un heureux présage. Vers 1894, le poète trouve son Montsalvat. Il entre au séminaire français de Rome. Ordonné prêtre en 1896, il eut un moment la tentation d'abandonner l'art et de se consacrer exclusivement à son ministère, mais il ne tarda pas à reconnaître que sa véritable mission était d'unir le poète et le prêtre en lui. Il fallut cependant toute l'insistance de ses amis pour le déterminer à publier un choix de ses vers, anciens et nouveaux. Ce recueil parut en 1904 sous le titre : *Poèmes*. On y trouve, entre autres, la belle pièce *A Louis II de Bavière* [...] qui se trouve citée pour la première fois par M.Adolphe Retté dans *Le Symbolisme, Anecdotes et Souvenirs.*

Un premier contact avec l'Italie avait laissé à M. Louis Le Cardonnel le désir d'y revenir. Il y revint, en effet, en 1905, et se fixa pour quelques années à Assise, dans l'espérance d'y nourrir de longues contemplations et d'y achever un second volume, *Carmina Sacra*, dont il voulut bien nous communiquer, dès 1908, quelques extraits anticipés qui le révélaient préoccupé d'une poésie sacerdotale où l'orphisme et le platonisme se fondaient avec le pur mysticisme chrétien. Le profond poète qu'est M. Louis Le Cardonnel consacra plusieurs années à la patiente élaboration de sa belle œuvre, parue enfin en 1912, et dont on a pu dire avec raison qu'elle était à la fois catholique et dignement humaine. En 1909, l'abbé Le Cardonnel a quitté Assise pour s'établir à Fribourg. »

Le poète symboliste Adolphe Retté (1863-1930), à qui Léon Le Cardonnel avait dédié son poème à Louis II, raconta dans son livre sur le symbolisme[1] les circonstances de sa création, à laquelle il assista :

« [...] Cependant, un dernier déboire lui était réservé. Il faisait une chaleur torride et notre Père Apollon promenait son char enflammé dans un ciel sans nuages. Offensé, sans doute, qu'un de ses enfants désertât son culte pour s'enliser dans les marécages du christianisme, le dieu frappa Le Cardonnel d'une de ses flèches d'or vibrant.
En d'autres termes, notre ami attrapa un coup de soleil. Ceci non au figuré, mais tout à fait au propre. La tête perdue, il arriva chez son hôte, le romancier Adrien Remacle, et fut pris d'un transport tel qu'on le crut voué à la folie furieuse. Comme j'avais quelque influence sur lui, on m'envoya chercher. Je trouvai Le Cardonnel tout nu — hormis la croix et le camail dont il ne voulait pas se séparer — et proférant des discours incohérents où revenaient et des injures contre la démoniaque Estelle, qu'il traitait d'infâme Gnostique, et l'affirmation que Jésus-Christ lui-même l'avait nommé cardinal.
À travers ses divagations, je démêlai qu'au moment où Apollon le punit, il ruminait un poème à la gloire du roi Louis II de Bavière. Les vers qu'il en récitait, parmi son

---

[1] Retté, Adolphe, *Le symbolisme, anecdotes et souvenirs*, Paris, Librairie Léon Vannier, 1903.

délire, me parurent si beaux que je pris tout de suite la résolution de les noter, afin que s'il était fou, ceux qui admiraient, à juste titre, son talent, n'en fussent pas privés. Je m'attablai donc auprès de lui, muni d'une plume, l'encre et de papier et je m'efforçai de lui extraire le poème. Les deux premières strophes vinrent toutes seules, Mais la suite fut plus difficile à obtenir. Le Cardonnel commençait un hémistiche, puis il s'interrompait pour enfiler d'absurdes litanies. Je le ramenais doucement à la poésie. Je remarquai que lorsque je parvenais à le remettre dans le chemin des rythmes, il redevenait lucide, indiquait des corrections à son ébauche primitive et marquait la cadence avec une netteté parfaite. Tant il est vrai que pour un poète, le meilleur des remèdes, c'est la poésie. Enfin, au bout de trois heures, le poème fut écrit. [...]

C'est à Noël Richard (1904-1995) que l'on doit l'étude la plus complète de l'œuvre de Louis Le Cardonnel. Richard lui avait consacré une thèse de doctorat très fouillée qu'il défendit à la Faculté des Lettres de l'Université de Toulouse en 1937. Elle fut publiée simultanément à Toulouse et à Paris en 1946. Nous empruntons quelques notes à cet éminent érudit.

> Comme ses collègues symbolistes, Louis Le Cardonnel s'était engoué pour Wagner et son œuvre. Ses poèmes sont parsemés d'allusions aux personnages wagnériens, mais c'est dans son poème à Louis II de Bavière que l'on perçoit le mieux l'atmosphère et le décor wagnériens. Le poème dédié au roi aurait tout aussi bien pu l'être à son compositeur et s'intituler Richard Wagner.
> La mort tragique de Louis II en juin 1886 avait eu pour effet de cristalliser l'attention des cercles symbolistes français sur sa royale personne. La jeunesse symboliste avait reconnu en lui « le type du roi idéaliste, du constructeur munificent obsédé des souvenirs de Louis XIV, du protecteur éclairé de Wagner. Verlaine lui consacra un sonnet bien pâlot en face du splendide Poème de Le Cardonnel. Ce roi

mégalomane semblait descendre de quelque héros de la Table Ronde ; les capricieuses fées lui composaient une cour utopique, et lui conseillaient « d'impossibles trophées », et chevauchant sur les ailes cuivrées de l'hippogriffe, Louis s'engageait en des entreprises chevaleresques. Il trouva le génie de Wagner pour enchanter ses rêves, ou plutôt, les héros Wagnériens ne sont tous que des aspects multiples de l'âme de Louis II : Lohengrin, Parsifal, Elsa, cette créature douce et chimérique qui, pour avoir demandé son nom au chevalier mystérieux, détermina la disparition du cygne et le départ de son époux Lohengrin. » […] « Hélas ! pour avoir provoqué les Ombres, pour avoir suivi « l'Ondine astucieuse », Ludwig a été entraîné dans un tragique sabbat où la Nuit et les Mânes lui ont ravi le cœur. » Les vers de Le Cardonnel évoquent magistralement la Chevauchée des Walkyries, le Chœur des Pèlerins, le Lied du printemps. Ils plongent l'imagination dans l'incantation des songes infini. Le coup d'archet magique qui libère les trilles vibrants, les accords somptueux, les leimotive ensorceleurs, c'est la merveilleuse évocation de la *Tétralogi*e et de l'œuvre entière du dieu d'outre-Rhin. Par-delà le roi fantasque, c'est à Wagner que Le Cardonnel offre le tribut de son admiration lyrique. Peut-être trouvait-il quelque secrète parenté entre son âme idéaliste et rêveuse et le caractère des plus beaux héros wagnériens... »

Apollinaire — La Chanson du Mal-aimé

(Extrait) — 1906

[...]

Voie lactée ô sœur lumineuse
Des blancs ruisseaux de Chanaan
Et des corps blancs des amoureuses
Nageurs morts suivrons-nous d'ahan
Ton cours vers d'autres nébuleuses

Les démons du hasard selon
Le chant du firmament nous mènent
À sons perdus leurs violons
Font danser notre race humaine
Sur la descente à reculons

Destins destins impénétrables
Rois secoués par la folie
Et ces grelottantes étoiles
De fausses femmes dans vos lits
Aux déserts que l'histoire accable

Luitpold le vieux prince régent
Tuteur de deux royautés folles
Sanglote-t-il en y songeant

Quand vacillent les lucioles
Mouches dorées de la Saint-Jean

Près d'un château sans châtelaine
La barque aux barcarols chantants
Sur un lac blanc et sous l'haleine
Des vents qui tremblent au printemps
Voguait cygne mourant sirène

Un jour le roi dans l'eau d'argent
Se noya puis la bouche ouverte
Il s'en revint en surnageant
Sur la rive dormir inerte
Face tournée au ciel changeant

[...]

Commentaires

En mai 1909, Guillaume Apollinaire (1880-1918) faisait paraître dans le prestigieux *Mercure de France* un long poème de trois cents vers, *La Chanson du mal-aimé*, qu'il reprendra dans son recueil *Alcools* en 1913. Ce poème, considéré comme un des plus beaux qu'ait livré le poète, évoque son amour malheureux pour une jeune anglaise, Annie Playden.

L'affaire remonte à 1901. Le jeune Apollinaire en mal d'argent avait accepté un emploi de précepteur dans une riche famille originaire de la région de Cologne. La vicomtesse de Milhau, née Elinor Hölterhoff, l'avait engagé pour sa fille Gabrielle, alors âgée de neuf ans. Ce fut dans cette famille qu'Apollinaire fit la connaissance d'une jeune gouvernante anglaise, Annie Playden.

À partir d'août 1901, Mme de Milhau, sa fille et ses employés séjournèrent pendant plusieurs mois dans la région du Rhin. Ce fut alors qu'Apollinaire découvrit le fleuve mythique et les grandes villes allemandes. Les légendes rhénanes devaient nourrir son imagination et sa faconde poétique. Cette expérience donna naissance aux poèmes du cycle rhénan, eux aussi publiés dans *Alcools*.

Apollinaire s'éprit de la jeune Anglaise et lui fit la cour, mais il semble qu'elle ait mis fin à la relation en août 1902. Apollinaire tenta de la renouer en correspondant avec la jeune fille puis en allant lui rendre visite à Londres, sans parvenir à ses fins. Il fit encore un second voyage à Londres, sans résultat lui aussi, puis la jeune fille émigra aux Etats-Unis. Ses amours déçues lui inspirèrent plusieurs poèmes dont le plus connu est la *Chanson du Mal-Aimé*.

C'est au cours du voyage en Allemagne que la famille Milhau, sa gouvernante et son précepteur séjournèrent à Munich, où Apollinaire s'intéressa aux Wittelsbach et particulièrement au roi Louis II de Bavière, dont le personnage apparaît à divers endroits dans l'œuvre du poète : d'abord dans la *Chanson du Mal-Aimé*, puis dans un texte en prose, le *Roi-Lune*, publié tout d'abord en plaquette, et repris ensuite, en 1916, dans *Le Poète assassiné*. Dans ces deux derniers textes, un promeneur découvre, dans une caverne des Alpes bavaroises, le roi Louis II de Bavière cultivant toujours le lunatisme.

Le motif des nageurs morts qui suivent le cours de notre galaxie apparaît dans la strophe-refrain de la *Chanson du Mal-Aimé*, « Voie lactée ô sœur lumineuse … ». Le lecteur y associera bientôt le roi Louis II qui se « noya dans l'eau d'argent » et s'en revint en surnageant vers la rive, face tournée vers le ciel dont ce nageur mort a tout loisir de contempler la voûte étoilée. Le roi n'est pas intéressé par « les corps blancs des amoureuses », son château est « sans châtelaine » et son lit n'est peuplé que des « grelottantes étoiles de fausses femmes ». Le prince-régent Luitpold fut « tuteur de deux royautés folles », celle de Louis II pour quelques jours, puis celle de son frère Othon, devenu le roi Othon Ier lors du décès de Louis II, pour de longues années. Les lucioles de la Saint-Jean situent le poème au mois de juin qui connut la mort du roi. Enfin la barque aux barcarols chantants rappelle que le roi Louis II aimait se travestir en Lohengrin et s'embarquer ainsi vêtu dans un esquif tracté par des cygnes ou encore que son aide-de-camp, Paul de Tour et Taxis, qui était aussi son ami, avait pour célébrer l'anniversaire du roi arboré le même costume et s'était transformé en barcarol, en gondolier chantant un air de Wagner sur l'Alpensee.

« La barque… voguait cygne mourant sirène » glisse du thème de Lohengrin à celui de la mort du roi, cygne devenu sirène, une ambiguïté de genre qui rappelle les fausses femmes peuplant le lit du roi que mentionne Apollinaire.

Robert Goffin — Le Roi des Cimes

1939

à Ventura Gassol

Des milliers d'ailes célestes en mouvement vers les lagunes lasses
Trois arbres ont poussé leur mot de passe végétal depuis hier
Tes sandales comme un bruit de saison vénéneuse au fond des chairs.
De l'ombre tarde encore aux écluses de l'aube vorace
Quand le ciel est bordé des teintes roses du couchant
Dimanche de la part de tous les oiseaux de France et de Bavière
Dimanche pour les araignées dans les toiles bordées de lierre
Cette géométrie paysanne couleur de pluie battante et de printemps
Déchire les anciens bouquets écrits par les enfants de l'automne ;
Ces mots brûlés aux lèvres chaudes des cavaliers du désespoir !
Ces mots à double sens qui flottent sur les musiques monotones
Et mon cœur et ton cœur qui savent que c'est pour le dernier soir.

Femmes dont la chair est plus douce que de la chair de femme

Vous portez un cœur diaphane à l'heure des rythmes désespérés,
Vous avez des paumes lourdes de caresses à intérêts composés
Vous traînez des yeux qui s'éclairent à quel poignant Sésame ?
Vous tirez des traînes d'ombre pour mieux précéder la nuit
Vous ouvrez les portes de l'abîme pour mieux tomber avec lui ;
Golfes des yeux jaloux aux teintes lasses des renoncules
Les eaux moutonnantes des lacs vierges dans la paix du soir ;
Un roi passe indifférent dans son carrosse au long de l'Isar
Et son premier amour entre ciel et terre à l'heure du crépuscule !

Des lumières tissent des constellations inconnues entre les chalets
Tous ces grands pins imbriqués pour bergeries sentimentales
Depuis quand sont-ils montés à l'assaut des cimes fatal ?
Depuis quand ont-ils battu le record de tous les sommets ?
Plus loin, de l'autre côté des Alpes il y a l'Autriche et la Hongrie ;
Ici ce sont des lacs pleins d'ombre mauve entre deux nuits.
Des lacs si profonds qu'on a peur d'y contempler son image,
Seuls les vieux burgs démantelés surveillent les rivages ;
Parfois on entend l'écho des cithares dans les hauteurs
Le bruit de Munich vient de si bas qu'il n'atteint pas la région des neiges
Pourtant on distingue des attroupements et des cortèges

Et les cratères des bouches tendent au loin de muettes clameurs !
Munich, Munich ! Capitale des bières blondes et mousseuses
Tout le parfum du houblon dans les tavernes quand le soir vient
Les pas redoublés à quatre temps des grands orchestres tyroliens
Et des passages de basse qui font pleurer les amoureuses !
Voici la porte en chêne clouté des étudiants poméraniens
Il faut se balafrer la face au sabre ou bien à la dague
Il faut se balafrer le cœur aux durs brillants de tes bagues,
Lola Montès avec tes lèvres de blessures qui sucent si bien !
....

Maintenant tu penses à ces jours de splendeur en Amérique
Comme c'est loin tout ce passé liquide qui t'a coulé entre les doigts
Lola ! Plus même ce diadème nocturne d'autrefois
Plus même les sapins bleus coiffant les résidences mélancoliques
Rien qu'un souvenir comme une fleur au gré de l'automne
A quoi bon toute cette vie inutile aux rives du néant
Toutes ces caresses desséchées et nostalgiques dans le vent
Et la lutte désespérée de l'amour fou contre les trônes.

Un sombre cortège a suivi le cadavre du nouveau roi
Le roi Louis n'est qu'un grand-père qui pense à ses folies passées
Entendez-vous bonnes gens entendez-vous le triste glas
La cloche Brenno sonne à la Frauenkirche à toutes volées

La cloche Brenno sonne l'avènement de Louis II
Derrière son père mort le voici seul comme un jeune dieu
Et les femmes de Munich lui sourient à travers leurs larmes
Et les jeunes archiduchesses croient savoir ce que c'est l'amour,
Et les princesses des légendes romantiques d'alentour
Ajustent leur altière beauté pour mieux envoûter son charme !
....
Toute ton enfance à Hohenschwangau la haute patrie des cygnes
Tu soupires quand tu te penches sur le trou sans fond du destin
Malédiction de venir au monde pour devoir le remettre en ligne
Malédiction de ces corps perdus au loin qui te font signe !
Ni fille ni garçon, des yeux échappés au cloisonnement humain,
Des mains étanches faites pour caresser les chairs mitoyennes
Et cette musique des derniers jours qui monte vers les hauteurs
Un souvenir de Lohengrin torture encore son faible cœur
L'impératrice Elisabeth galope dans les forêts de Vienne
C'est la seule qui avait les lèvres d'Isolde touchées par le doigt du ciel
Adieu, adieu ! Maîtresse au cœur de neige inaccessible
Je fleuris tout entier pour une flamme musicale qui m'enivre
Je fleuris tout entier pour Richard Wagner ce nouvel Ariel.
....

Il faut quitter le monde pour mieux vivre avec les fantômes
Plantez des milliers de rosiers dans l'île au milieu du lac vert
Nul de vous ne peut pénétrer dans mon véritable royaume.
J'ai seul le mot de passe qui m'ouvrira tous les univers.
Aucune patrie humaine n'est à la mesure de mon rêve
Jouez encore cette musique d'aveugle des maîtres chanteurs
Jouez encore cet air fatidique qui me pénètre comme une sève
Jouez encore au jeu de qui perd gagne avec les dés de mon cœur
Maintenant toutes les femmes ont été chassées de ma vie.
En Bavière, il n'y a plus que Wagner et le maître-piqueur
Je suis seul avec les rois morts et les archiduchesses endormies
Retrouverai-je jamais l'amour d'Élisabeth dans les yeux de sa sœur Sophie ?

. . . .

Ce matin le lac noie les hauts sommets dans ses grands fonds
Un insulaire parfum de fleur habite l'onde nuageuse
Mélangez les bouquets de roses aux pétales de scabieuses
Et voici mon cœur pour la princesse de ma nouvelle passion
Donnez la clef de mes châteaux ensorcelés à la dernière reine

Elle a les yeux mystérieux d'Elisabeth de Possenhofen
Elle a le don de mon royaume qui n'est pas de ce monde
Elle a des paumes couleur des pivoines charnelles au bord du lac
Elle a des odeurs d'hallali aux clairières de sa chevelure blonde
Elle a les lèvres voluptueuses de Tristan au troisième acte

Je l'aimerai d'amour, Sophie, je l'aimerai de passion
Il me faut un cœur neuf lavez mon passé de toutes ses fautes.
Enfin je connaîtrai la joie d'être amoureux comme les autres,
Et de ne plus dériver aux îles sacrilèges de la perversion.
. . . .
Louis II je vous aime premier souverain surréaliste
Vous avez échafaudé tous les châteaux du facteur Cheval
Constructions en béton de neige féerique de Meicost Ettal
Herremschiemsée tour de Babel sous le signe des paons symbolistes
Gratte-ciel de Neuschwanstein, calèche immobile des ascensions
Allez dire au cher duc Max que Louis II a décidé
Il faut savoir se libérer des semelles de plomb de l'éternité
Pour mieux être soi-même ; Adieu Sophie, ma bien-aimée
Adieu de la part du Roi à ma bien douce fiancée
Maintenant le souverain passionné peut remonter à la surface
La respiration des abîmes infernaux l'a ensorcelé
Chantez encore pour moi tout seul les versets de l'ecclésiaste
Wagner est en train de mourir derrière ses yeux fermés
Je suis dorénavant un roi sans capitale disponible
Ma patrie est au-delà de la Bavière de tous les jours
J'habite tous les palais ensorcelés de l'impossible
Et mon cœur est brûlé depuis longtemps par d'ineffables amours
Allumez donc les cinq cent quarante-neuf bougies de mon rêve
J'ai convoqué pour ce soir toutes les reines et les rois morts

Mettez les couverts de brouillard à côté des assiettes d'or
N'éteignez pas mon cœur avant que la cérémonie s'achève
N'éteignez surtout pas les étoiles en veilleuse de mon remords
....
Le simoun passionné de ta folie passe à travers l'Europe
Tes constructions couleur de grandiloquence et d'héliotrope
Louis II a rendez-vous avec les oiseaux morts du mal du ciel
Il écoute le clair de lune des orchestres bleus en feuillage
Il y a trop de soleil, l'ombre galope à côté des cavaliers
Le silence des forêts est si profond qu'on en voudrait chanceler
Louis II caresse le buste de Marie-Henriette dans un mirage
Il parle aux spectres fluorescents de sa rédemption
Il est parmi les personnages des faubourgs de l'imagination.
....
Maintenant la nuit est tombée et s'éraille à tous les chalets
La nuit de juin est douce et toutes les lucioles
Et les étoiles se rejoignent dans l'eau qui clapote doucement
On cherche le roi Louis II, des vols légers de chat huant
Glissent dans l'ombre où circulent des carrioles
Des visages de paysans pleurent sous des torches résineuses
Le tocsin sonne le branle-bas sous les ardoises des clochers
Respiration artificielle le roi Louis II s'est noyé !
Trop tard il a rejoint déjà toutes les ombres mystérieuses
Une aube pâle dégouline des sapineraies et des forêts
L'eau calme du lac Starnberg a repris sa teinte fangeuse
Des paysans attristés pleurent tout près du parapet.
Les lucarnes du ciel sont closes, les fantômes bleus cognent aux fenêtres

Il n'y a plus personne d'humain dans les châteaux silencieux
Les fantômes bleus sont arrivés au dernier rendez-vous du maître
Les spectres du haut pays des cygnes attendent l'ombre de Louis II.

Commentaires

Le poète belge Robert Goffin (1898-1984) fut avocat, écrivain ainsi que militant wallon socialiste, ce qui ne l'empêcha pas juste avant la deuxième guerre mondiale de s'intéresser au destin tragique de quelques têtes couronnées et de faire aussi œuvre d'historien et de chroniqueur royal en enquêtant sur la triste existence de Charlotte la folle, la fille de Léopold Ier de Belgique, veuve de l'empereur du Mexique et peut-être mère du généralissime Weygand (*Charlotte, l'Impératrice fantôme*, 1937), et sur celle de la belle et turbulente Sissi (*Élisabeth, l'Impératrice passionnée*, 1939). Passionné de jazz, il fut l'auteur du premier essai critique de qualité consacré à ce genre musical, intitulé *Aux Frontières du Jazz* en 1932.

Son recueil de poésies nobiliaires *Sang bleu* parut chez Gallimard dans la Collection Blanche en janvier 1939. Un important fragment de ce recueil fut également publié dans les *Cahiers du Sud* en mai 1939. La présentation de l'éditeur Gallimard rendit alors bien compte de l'originalité du recueil :

> La poésie française s'est-elle complètement perdue dans la complication et la difficulté ? André Billy qui doute des réalisations d'aujourd'hui écrivait il n'y a pas longtemps que les poètes échappaient à leur mission de grandeur. Le livre actuel est un des signes attentifs qui annoncent un retour magistral vers cette notion ; d'ailleurs l'auteur des *Frontières du jazz*, du *Roman des anguilles* et de *Rimbaud vivant*, avait déjà témoigné de son intention lyrique dans *La proie pour l'ombre* dont Jean Gacon écrivit qu'il y découvrirait la plus pure poésie postsurréaliste.
> Pour la première fois depuis longtemps la poésie remonte à ses sources traditionnelles où le mystère se mêle au sens de l'infini et de l'humain. Peut-être même les critiques constateront-ils un glissement vers la grandeur de l'épopée ? Peut-

être aussi, pareille réalisation poétique rompra-t-elle le divorce si actuel du lecteur et du poète.

Robert Goffin est revenu au romantisme du grand sujet dans ses longs poèmes axés sur les miracles dynastiques. L'auteur chante les aventures mystérieuses et combien sensibles des Habsbourg d'Espagne et d'Autriche. C'est un invraisemblable défilé lyrique où passent tour à tour dans des versets aux images étincelantes : Jeanne la Folle, Charles-Quint, Philippe II, Don Carlo, François-Joseph d'Autriche, la douce Elisabeth, l'Empereur Maximilien et Charlotte du Mexique, l'archiduc Rodolphe et la belle Maria Vetsera, et dans un autre poème, le *Roi des Cimes*, Louis II de Bavière. Enfin, Robert Goffin évoque les ombres des grands poètes à sang bleu avec une densité dont Max Jacob a écrit : « Votre poésie est une des plus émouvante que je connaisse ! »

Rédigés en vers libres[1], les chroniques poétiques de l'histoire de *Sang bleu* mettent en scène les destins malheureux des dynasties européennes. Edmée de la Rochefoucauld disait en aimer « la poésie magnifique, torrentielle, l'inspiration multiple, prodigieuse. » Les poèmes de *Sang bleu* sont écrits sur le mode des poèmes promenade et des poèmes-conversation d'Apollinaire, dont l'auteur de *Zone* disait qu'ils sont une idéalisation de la poésie « vers-libriste ».

Le Roi des Cimes met en scène le Roi Louis II de Bavière, mais aussi son grand-père Louis Ier et sa folie amoureuse pour la danseuse Lola Montès. Le titre du poème est une métaphore habituelle pour désigner l'aigle, un surnom que Sissi, l'impératrice Elisabeth d'Autriche, donna à son cousin Louis dans un échange poétique avec le roi où il était l'aigle et elle la mouette. Il est aussi le roi des cimes car ses ambitions de grand bâtisseur lui faisaient rêver de châteaux haut perchés dans les

---

[1] Et pratiquement sans ponctuation. C'est à partir de *Sang bleu* que Robert Goffin supprima la ponctuation de ses poèmes.

montagnes : ce fut le cas de Neuschwanstein qu'il fit construire en surplomb du château familial de Hohenschwangau, ce fut aussi le cas d'un projet de reconstruction du château de Falkenstein, que le roi ne put mener à bien. Il se fit aussi construire un somptueux chalet de montagne, la Schachenhaus. L'entame du poème de Robert Goffin fait avec ses « milliers d'ailes » davantage penser à la première signification, mais la seconde est tout aussi plausible puisque le poète évoque aussi plus avant dans le poème le roi bâtisseur de châteaux construits au cœur même des montagnes.

« Robert Goffin, poète de la pitié ». C'est le titre d'une section d'un des livres que Jean-Michel Horemans consacra au « poète du sang qui chante »[1]. Horemans remarque que « dans plusieurs poèmes Robert Goffin prend la défense des poètes maudits, de ceux que la nature a faits ambigus. » Une formule pour désigner l'homoérotisme de Verlaine ou de Rimbaud, et aussi celui du Roi Louis II. Il réalise un « plaidoyer poétique des réprouvés de la sexualité. » « En somme ce que réclame le poète, c'est la tolérance et la compréhension. Comprendre l'être qu'on est chargé de juger, avant de prononcer tout arrêt, avant de lancer l'anathème. » La poésie n'était jamais bien loin de la plaidoirie chez le poète chroniqueur Robert Goffin qui fut aussi un grand avocat.

---

[1] Jean-Michel Horemans, *Robert Goffin, le poète au sang qui chante*, pp. 62 à 64.

Nicole Louvier — Gentil Roi de Bavière
Début des années 1960 — Extraits

Gentil roi Louis de Bavière
Je veux dormir à tes côtés
Pour un théâtre imaginaire
Le même amour nous a frappés
Un artiste sans théâtre
Est un prince sans château
Une forêt privée d'arbres
Et d'oiseaux
Un oiseau las du voyage
Qui le mène vers le printemps
Et qui meurt sur le rivage
Juste en arrivant

[...] Dans le royaume sans frontières
Que tu choisis un soir d'été

[...] Je fus un prince, à ma manière
À ta manière, tu as été
Un des miens, gens du voyage
Qui sont en avance partout
Gentil roi, tu fus un sage
Non un fou
Un enfant qui met son trône
Aux pieds d'un grand musicien

Fait bien plus pour son royaume
Qu'un politicien

Mais cela, Louis, mon frère
Nul ne le savait, naguère
[...]

Commentaires

Nicole Louvier (1933-2003) fut autrice-compositrice-interprète, écrivaine, poète et productrice française d'émissions culturelles. Jeune chanteuse précoce, elle sortit un premier disque en 1953, qui eut les honneurs d'une préface de Maurice Chevalier. Lesbienne affirmée, la parution de son roman *Qui qu'en grogne* déclencha un scandale par le simple fait qu'il évoquait les émois amoureux de jeunes filles entre elles. Productrice à Radio-France, elle fut marginalisée à cause de ses propos dérangeants.

Il y a quelques mois, la journaliste culturelle Léa Loodgieter nous a fait découvrir le texte de cette chanson de Nicole Louvier, que la chanteuse enregistra mais ne fit jamais graver[1]. Léa Loodgieter travaillait alors avec sa co-autrice Pauline Paris sur un livre dédié aux chansons lesbiennes, qui parut quelques mois plus tard sous le titre *Les dessous lesbiens de la chanson*. Léa Loodgieter nous avait contacté suite à sa lecture d'un petit livre que nous avions publié, *Des Fleurs pour le Roi Louis de Bavière*, en nous demandant de servir de témoin contemporain pour la chanson de Nicole Louvier en tant que spécialiste de Louis II de Bavière. Elle voulait que nous discutions de la figure du roi Louis II pour mieux comprendre pourquoi l'autrice de la chanson avait choisi de s'en inspirer pour l'écriture du texte de sa chanson qui réhabilite le monarque et fait allusion à son homosexualité.

Nous avions proposé à Léa de jeter sur le papier les éléments d'analyse qui nous venaient à l'esprit à la lecture du texte de la chanteuse. Voici cette analyse :

---

[1] Il est actuellement possible d'écouter la chanson en ligne. Taper « *Gentil roi de Bavière* » et « Nicole Louvier » dans votre moteur de recherche.

Gentil roi Louis de Bavière
Je veux dormir à tes côtés

Dormir n'est ni amoureux ni érotique. La narratrice du poème n'est pas dans l'ordre du fantasme sexuel. L'union des corps n'est pas envisagée. Le souhait est émis en 1960 alors que le roi est mort depuis 1886. Il ne peut s'agir que d'un sommeil symbolique aux côtés du roi. S'il y a souhait de rencontre ou d'union, c'est une union des âmes, le partage d'un idéal commun, qui se voit énoncé aux troisième et quatrième vers.

Nicole Louvier prend ainsi place dans la longue série des femmes qui ont désiré se rapprocher du Roi ou l'ont aimé : femmes de Bavière adulant le jeune roi, actrices ou chanteuses espérant éveiller son intérêt amoureux, une sculptrice comme Elisabeth Ney qui se proposait de mettre de l'ordre dans la vie du souverain, femmes nobles idéalisant le souverain et le vénérant comme la Baronne Spera Truchsess von Wetzhausen.

Pour un théâtre imaginaire

Louis II fut dès son plus jeune âge un lecteur vorace, passionné des littératures allemande et française, de théâtre et d'opéra. Enfant, pendant les séjours à Hohenschwangau, il vivait dans des pièces ornées de fresques représentant la saga de Lohengrin. Il ne lui fut permis de voir un premier opéra de Wagner qu'à l'âge de 15 ans.

Pendant son règne, il devint claustrophile et exigea d'innombrables représentations privées de théâtre et d'opéra. Il s'enflamma pour des chanteurs, comme le ténor Franz Nachbaur, ou pour des acteurs, comme en 1882 pour le jeune Joseph Kainz qu'il invita à Linderhof avant de l'emmener réciter le *Guillaume Tell* de Schiller en Suisse au Grütli, sur le lieu même des mythes fondateurs de ce pays. Il vécut sa vie comme une pièce de théâtre et se créa des décors fantastiques avec ses châteaux qu'il projeta minutieusement, dans les moindres détails, avec un sens évident de la théâtralisation. Ce roi bâtisseur voulut aussi dès le début de son règne ériger un théâtre wagnérien, mais ses ministres entravèrent son projet de Sempertheater à Munich. Après 1872 il soutint financièrement le projet bayreuthois de Wagner.

Le même amour nous a frappés

Sans doute l'amour de l'Art, l'amour du théâtre et de la musique. Et peut-être aussi l'amour des personnes du même sexe.

Un artiste sans théâtre
Est un prince sans château

Louis II fut un prince à qui ses ministres refusèrent un théâtre wagnérien, ce qui fut un des plus grands drames de sa vie, un drame qui constitua un moment clé de son existence à partir duquel il se désintéressa de plus en plus de la chose publique. Nicole Louvier fut-elle une artiste sans théâtre ?

Une forêt privée d'arbres
Et d'oiseaux
Un oiseau las du voyage

Les deux oiseaux fétiches de Louis II étaient le cygne et le paon. Le roi Maximilien II son père fit restaurer le château d'Hohenschwangau, une localité des Alpes bavaroises dont le nom signifie le haut pays du cygne. Ce château est notamment orné de peintures murales représentant la légende de Lohengrin, le chevalier au cygne. Plus tard et non loin de là, il fera construire le château de Neuschwanstein, un toponyme qui peut se traduire en français par la nouvelle pierre ou le nouveau rocher du cygne. Louis II aimait à se travestir en Lohengrin, le héros du premier opéra de Wagner auquel il lui fût permis d'assister, et avait surnommé sa fiancée Sophie Elsa, du nom de l'épouse du chevalier au cygne. Quant au paon, on le retrouve tant à Linderhof avec le fameux trône au paon du kiosque mauresque qu'à Herrenchiemsee.

> *Qui le mène vers le printemps*
> *Et qui meurt sur le rivage*
> *Juste en arrivant*

Le cygne meurt sur le rivage comme Louis II mort noyé — ou assassiné — près des rives du lac de Starnberg. Le repos auquel aspire Nicole Louvier aux côtés du roi, est-ce celui du sommeil ?

La chanteuse évoque ensuite le royaume sans frontières choisi par le roi un soir d'été. Ce royaume ne peut être qu'artistique, spirituel ou mental. Les royaumes terrestres ont tous des frontières et des lois contraignantes, même pour les rois, ce que n'appréciait nullement Louis II qui rêvait d'un pouvoir absolu. A la fin de sa vie le Roi se mit en quête d'un royaume où il pourrait vivre son rêve d'absolutisme. Il envoya un émissaire pour lui acheter un nouveau royaume ou pour le troquer contre la Bavière, mais l'émissaire ne put en acquérir aucun.

Nicole Louvier se centre ensuite sur elle-même par une série de métaphores mélancoliques : elle se dit être *un soldat sans arme, un pianiste sans piano, un Arlequin sans guitare* à l'instar de Louis II qui fut un roi qui s'était vu retirer les manettes du pouvoir. Louvier se dit encore *prince à sa manière*, une dernière métaphore qui la rapproche du roi et pour laquelle on remarquera l'emploi du masculin. Elle continue sa tentative de rapprochement en assimilant Louis II aux gens du voyage, partout en avance. Si Louis II n'a pas beaucoup voyagé, il fut de fait en avance sur son temps et notamment parce qu'il avait perçu le génie de Wagner avant beaucoup d'autres et par son goût des nouvelles technologies. Ainsi des génératrices qui permettaient l'éclairage électrique de la grotte de Linderhof.

> *Gentil roi, tu fus un sage*
> *Non un fou*

La chanteuse prend le contrepied de la folie prétendue de Louis II, qui avait été officialisée par des rapports psychiatriques dont l'effet fut sa destitution. Comme les poètes symbolistes et les décadents, elle rend hommage à l'idéal artistique de Louis II qui accéda trop jeune au trône, — il avait dix-huit ans lors de la mort prématurée de son père et convoqua aussitôt Wagner à sa cour :

> *Un enfant qui met son trône*
> *Aux pieds d'un grand musicien*
> *Fait bien plus pour son royaume*
> *Qu'un politicien*

En fin de texte, Louvier chante sa proximité avec Louis II qu'elle qualifie de frère. La fraternité énoncée confirme bien les premiers vers de la chanson, dénuée de toute attraction de nature sexuelle.

Elle annonce enfin que le génie du roi, s'il fut méconnu de son vivant (« Nul ne le savait naguère ») sera reconnu demain. Une prédiction qui se vérifie aisément quand on considère les millions de visiteurs qui affluent en Bavière pour y visiter les châteaux de conte de fées du roi et les milliers d'ouvrages qui lui ont été consacrés.

Barbara Bigot-Frieden

Hommage à Louis II de Bavière

2018

Au fond du lac
La couronne gèle,
Et l'eau souffle
La chandelle.
Le Mystère
N'est plus.
Il grêle
Sur La Bavière.
Il grêle.
Pourtant,
Le balcon reste
Ouvert.
Le Mystère
Fut
Monarque
Légendaire.
Il a froid
Au fond du lac ;
Où est le soleil
Le Roi-Soleil,
Où est Versailles ?

Il grêle.
Starnberg frémit
D'effroi, de peine.
Le Mystère
Fut
Mécène reclus,
Ange tutélaire.
Cerné, battu
Par toute cette pluie,
Il serre une lettre
De Sissi.
Ses cheveux – nuit
Tremblent, épars ;
Volée de freux
Dans le grand lac.
Il grêle.
L'éclair foudroie.
Le feu s'éteint,
Le feu se noie.
Le Mystère
N'est plus
L'Aigle des nues
L'hôte des neiges.
A présent, il siège,
Prince déchu
Près de son île

Aux roses crépues.
Le Mystère s'est tu
Il y a plus d'un siècle
Déjà.
Mais au ciel Wagner
Compose l'opéra ;
Genou à terre,
Louange au Roi,

Louis II de Bavière.

Commentaires

Née en 1994 à Fontenay-aux-roses, Barbara Bigot-Frieden enseigne le français. Ses études de Lettres Modernes à l'Université Catholique de l'Ouest Bretagne Sud avaient été suivies d'un Master en Lettres Modernes à l'Université Rennes 2. Elle a publié un premier recueil, *Les Invoqués,* aux éditions Maïa en Octobre 2018. Elle est également membre du comité des éditions Solstices. Son dernier recueil : *Silence Saudade* vient de paraître aux éditions du chat polaire.

Barbara Bigot-Frieden a écrit son poème *À Louis II de Bavière*, qui figure dans son recueil *Les Invoqués*, après avoir lu la biographie du roi par Jean des Cars. « Je me sens proche de ce roi car il a su conserver une âme d'enfant. Sa pureté et sa tristesse me touchent. » nous a-t-elle confié.

Lors de la sortie des *Invoqués*, le quotidien breton *Ouest-France* avait recueilli quelques réflexions sur la genèse de ses poèmes, que la poétesse lui avait confié au moment de la sortie de son livre :

« J'aime saisir les fulgurances qui me transpercent. La poésie est un lieu propre pour m'exprimer. »

« Je capte un mot ou une phrase dans une conversation et je la note. Le soir, ou plutôt la nuit étant donné que je ne dors pas beaucoup, j'écris. ».

« J'aime la symphonie des mots. *Les Invoqués* traitent des personnes assez solitaires, qui sont peu considérées. Ma démarche est humaniste pour communiquer quelque chose. »

Georges Zouba — Louis II de Bavière

2018

Ludwig dans son jardin secret ici repose
Son château est bâti comme un gâteau d'amandes
Il aime devant son miroir prendre la pose
Écoute des arias qu'en sa chambre il commande

Il se lève et marche à travers l'allée profonde
Son corps grand et lourd n'a plus l'allure d'éphèbe
De ses jeunes années, et le royaume qu'il fonde
N'est fait que du songe ou des nuées de l'Érèbe

Ludwig a des palais ravissant la Bavière
Son peuple l'aime, or rare est souverain lauré
Il est lui-même une âme au cours de la rivière
Se mariant, pour atteindre un estuaire doré

La folie de commettre un péché, démesure
De ses désirs d'hommes, de châteaux d'Allemagne
Rivalisant de rêve, et ruinant à mesure
Son royaume adoré, avec ceux de l'Espagne

Richard compose un air d'un opéra grandiose
Qu'il jouera à la cour de Ludwig son ami
Le trésor du roi est une estimable chose
Certains sont les Wagner des notes qu'on a mis

Ce roi décati est le semblant d'un artiste
L'esprit bourgeois d'Europe en veut pour sa folie
A-t-on idée, en ce siècle de fer si triste
De faire jouer des scènes de théâtre au lit ?

Le frère est enfermé entre des murs d'asile
Si ce n'est toi c'est donc...que l'argent est le roi ?
D'où vient qu'un souverain se conduit tel qu'aux îles
Dorées d'azur sableux, dont il s'offre les droits ?

Le colibri libre et sacré dans son vol vibre
Comme un cœur d'or dont l'âme en fleurs se vaporise
Expiant son pouvoir sobre où tient en équilibre
Tout l'univers d'un art que l'amour autorise

La fiancée en confiance a froncé le sourcil
Quand l'homme a pris sur elle un droit que la nature
Élabore en forme d'étamine et pistils
Pour attirer le mâle, et un monde aventure

L'arbre aux branches cassées qui se sait séquoia
Sent qu'il va mourir un jour dans six mille années
Les hommes fourmis ont des propos qu'il oyat
Quand jadis ils crurent, nus, le déraciner

La baleine nageant que l'océan caresse
Et fait étinceler de scintillants éclats
N'a nulle peur de ces requins qui apparaissent
Mais son huile et son lait sont les proies d'hommes, là

L'étoile a pleuré, qui s'étalait sur la toile
Avec ce geste étrange où la couleur, du vieux tube
Issue, macule la sphère épandue tel un voile
De Marie qu'on prie, par un peintre où l'or incube[1]

Le roi attise encor ses pensées qui sont fleurs
Il a lu ce poète aux vers bleus adorables[2]
Et sait que son esprit trop de délire effleure
Et qu'un docteur ès "rien" tombera sur son râble

Alors, envoûté dans un hôtel de candides
On lui présentera l'âcre hostie de l'autel
Pour calmer son âme et son cœur aux vues splendides
Ayant semé châteaux et opéras d'Untel

Alors, Ludwig ira son colibri rejoindre
Sa fiancée violée par la beauté de son homme
Consoler, l'arbre immense en religieux pleurs l'oindre
Dormir sur le dos des baleines d'un grand somme

Et, sur son astre hissé, suivant des galaxies
Le fatal voyage au long des voies lactées
Il hurlera comme mort que torture occis
Échappant lors au sort en son encontre acté

---

[1] Van Gogh
[2] Hölderlin

Commentaires

Georges Zouba est féru de poésie et en écrit quotidiennement, publiant dans des forums poétiques depuis 2016. Ses goûts l'ont porté vers Baudelaire et Mallarmé, Rimbaud et Philippe Jaccottet. Il apprécie les grandes figures du XIXe siècle, une époque très profuse pour l'art et pour la poésie. Il a souhaité consacrer un poème à la remarquable figure du roi Louis II de Bavière, qui a selon lui marqué son temps de façon indélébile. Georges Zouba réside dans le Val d'Oise en France, à Argenteuil. Il publie ses poèmes sont le pseudonyme de Jacou sur le site *Lespoetes.net*.

Son poème à Louis II a été écrit le 3 mars 2018 et posté sur le site *Icetea & Fluminis* le 4 mars 2018. En commentaire de ce poème, nous lui avons demandé d'évoquer sa fascination pour le Roi Louis II. Il a bien voulu nous communiquer son émouvant témoignage :

« J'ai 52 ans, et j'aspire la poésie comme un air vivifiant depuis 20 ans, elle m'inspire à son tour les poèmes que j'écris et publie dans un forum de poésie où je suis modérateur pour la passion de la cause poétique. La poésie m'a sauvé la vie quand j'avais 32 ans, elle m'a désigné une voie à suivre afin de prolonger ma vie, et je lui suis reconnaissant parce qu'elle double le réel social d'un monde second où se déploient les fastes de l'imaginaire. Ma tâche quotidienne est ainsi d'écrire des poèmes pour ce forum. J'ai publié deux recueils de poésie.

Louis II est pour moi un personnage éminent. Non pas en tant que roi en fait, car il symbolise quelque chose de bien plus haut : l'art, le rêve à l'état pur, le refus de toute convention dans la société étouffante de son époque, la résistance politique à la Prusse toute puissante, la volonté de bâtir des châteaux et pas en Espagne mais dans sa chère

Bavière ! Son homosexualité et son caractère original sont captivants aussi. Il fut considéré comme fou, alors qu'il était un rêveur d'absolu, ce que les esprits conformistes ne comprennent pas. Voici ses traits de caractère qui me fascinent chez lui. J'y ajoute que le film *Ludwig* de Luchino Visconti a été, à l'égal d'un *Barry Lyndon*, une révélation magnifique quand j'eus 20/25, l'âge où la jeunesse enjolive toute découverte et la considère comme un diamant à conserver par devers soi, comme l'ont été pour moi également Rimbaud, le surréalisme, toute la peinture, les poumons de ma vie. »

Poèmes traduits de l'allemand et du latin

Richard Wagner— Poème au Roi
Original de 1864 — Traduit vers 1891

O Roi ! noble protecteur de ma vie,
Suprême refuge de la souveraine bonté,
Maintenant, arrivé au but, je lutte
Pour trouver le mot digne de tes bienfaits :
En vain j'interroge écrits et paroles
Et cependant je ne puis laisser
De chercher le mot qui dise
La gratitude que mon cœur porte vers toi.

Ce que tu fus pour moi, seul, je puis le mesurer
En me souvenant de ce que j'étais sans toi.
Nulle étoile ne m'apparaissait qu'elle ne pâlît aussitôt.
Pas une espérance qui ne m'eût trompé.
Abandonné par le hasard au caprice du monde.
J'allais, livré au jeu cruel du sort.
Ce qui, en moi, aspirait à l'œuvre libre de l'art
Se voyait donné en pâture à la vulgarité.

Celui qui fit jadis refleurir
Le bâton desséché du pèlerin[1]
En m'enlevant tout espoir de rédemption.

---

[1] Allusion à la légende de Tannhäuser dont le bâton de pèlerin refleurit grâce à la prière d'Elisabeth.

En me privant des ultimes consolations.
Fortifia du moins la foi
En moi-même que je portais dans mon âme.
Et parce que je vouai ma fidélité à cette foi,
Aujourd'hui le bâton du pèlerin s'orne d'une nouvelle verdure.

Car ce qu'en mon âme je devais garder secrètement
Faisait battre encore une autre poitrine ;
Ce qui remuait profondément le cœur meurtri de l'homme
Remplissait d'une joie sainte un cœur d'adolescent :
Et ce qui menait avec une aspiration printanière
Cette âme au même but, consciemment inconscient,
Se répand aujourd'hui comme des effluves de renouveau
Et reverdit la mutuelle croyance.

Tu es le doux printemps qui m'a refleuri,
Qui a rajeuni la sève de l'arbre et des branches ;
C'est ta voix qui m'arracha à la nuit
Où mes forces impuissantes se glaçaient.
Ainsi réconforté par ton salut béni,
Arraché à la douleur par sa violence bienfaisante,
J'erre fièrement aujourd'hui, par des routes nouvelles.
Dans le royaume ensoleillé de la grâce.

Commentaires

Le Roi Louis II de Bavière, en conviant Richard Wagner à sa cour peu après son accession au trône en 1864 l'avait sauvé de la détresse financière et lui avait permis de s'adonner tout entier à la composition de son œuvre. Wagner avait exprimé sa reconnaissance infinie au Roi dans un long poème dont Maurice Kufferath (1852-1919) proposa une traduction dans son ouvrage *Le théâtre de R. Wagner : de Tannhaeuser à Parsifal*[1]. Kufferath rappelle les circonstances de sa composition :

> 1864 ! Date fatidique, année providentielle ! Celle de l'avènement de Louis II au trône de Bavière et de son intervention en faveur du maître, qui s'en allait à la dérive et en était arrivé, ainsi qu'il l'a dit lui-même, « à l'extrême limite du to be or not to be ».
> « Je veux tout faire, tout ce qui est en mon pouvoir pour vous dédommager de vos souffrances passées. Les basses préoccupations de la vie, je veux à jamais les écarter de votre tête, afin que vous puissiez, dans l'éther pur de votre art divin, déployer sans obstacle les ailes de votre génie ! Sans le savoir, vous avez été depuis ma jeunesse la source unique de mes joies, un ami qui m'a parlé au cœur, comme nul autre auparavant, mon meilleur conseiller et mon guide ! Je veux vous rendre au centuple tout ce que je vous dois, autant du moins que cela sera en mon pouvoir. Oh ! que de fois j'ai aspiré après le jour où cette œuvre de réparation deviendrait possible ! J'osais à peine nourrir l'espoir que je pourrais sitôt vous prouver mon affection. »
> C'est en ces termes tout vibrants d'une admiration chaudement émue que le jeune roi, un mois après son avènement, s'adressait à l'incomparable poète que le monde repoussait,

---

[1] Maurice Kufferath, *Le théâtre de R. Wagner : de Tannhaeuser à Parsifal : essais de critique littéraire, esthétique et musicale, La Walkyrie*, 2e édition, Otto Junne, Leipzig, 1893, pp. 67 à 70.

qu'un autre roi avait, pendant douze années, banni de ses Etats, qui, — dernière et suprême humiliation du sort, — venait de quitter précipitamment Vienne pour fuir les recors et échapper à ses créanciers.

Il écrivait lui-même, quelques jours plus tard, à la comtesse Mouchanow[1] :

« Ma destinée vient de prendre une tournure inespérée, merveilleusement belle. J'étais à deux doigts de l'anéantissement ; toutes mes tentatives dans l'espoir d'aboutir avaient avorté ; la plus singulière, la plus implacable fatalité avait rendu vaines toutes mes démarches ; j'étais résolu à me retirer dans un asile, à tout jamais, de renoncer pour toujours à toute entreprise artistique... Que vous dire ? L'invraisemblable est devenu la réalité, je suis libéré, je n'ai plus d'autre souci que celui d'achever mes œuvres, de créer, de terminer ! J'ai repris mes *Nibelungen*, tout à fait selon mon ancien plan. «

Et il disait encore, en 1872, dans le rapport final sur les circonstances qui ont entouré la composition de *l'Anneau du Nibelung* :

« Aucune parole ne peut dire l'émouvante grandeur du moment où l'appel d'un roi retentit dans ma vie. Car c'était vraiment un roi qui me tirait du chaos et me criait : Arrive ! Achève ton œuvre ! Je le veux ! »

Wagner a poétiquement exprimé ses sentiments de reconnaissance au jeune monarque, au rédempteur si subitement apparu, dans une belle pièce de vers […]

Cette pièce de vers fut publiée en allemand en tête de la grande édition pour piano et chant de la *Walkyrie*. La partition d'orchestre ne parut qu'en 1874, chez les fils de B. Schott, en même temps que celle des autres parties de *l'Anneau*.

---

[1] Les rapports privilégiés entre Madame Kalergis-Mouchanoff et Wagner sont abondamment documentés dans notre ouvrage *Marie Kalergis-Mouchanoff, née Nesselrode. Itinéraires et correspondance de la Fée blanche* (BoD, 2020).

Louis II de Bavière - À mon ami

19 septembre 1864

L'art, dans une sombre nuit, depuis longtemps était prisonnier, — à son ciel ne brillait aucune étoile. — L'artiste luttait parmi l'angoisse et les souffrances du doute, — mais le vrai but, hélas ! restait toujours loin de lui. — Alors, le destin voulut que j'entendisse parler de toi — et pour moi quelle joie ce fut ! — Finie la nuit, finies ses terreurs. — Désormais tes amis peuvent compter sur toi.

[...][1]

La plus lointaine postérité te remerciera encore — et plus tard des bouches nombreuses diront ton nom en te louant. — Lutte aujourd'hui sans fléchir — et jamais le feu qui t'embrase ne s'éteindra. — Les autres se seront abîmés dans le passé — toi, tu te seras élevé à toi-même un monument éternel. — Jamais ton nom sacré ne cessera de retentir — puisque tu veux lutter avec vaillance pour le sublime.

---

[1] La deuxième strophe n'est qu'un développement de la première.

Commentaires

C'est à Jacques Bainville que l'on doit cette traduction des deux strophes du poème de Louis II, qu'il a publiée dans une annexe à une réédition de son *Louis II de Bavière*. Voici comment il les présentait dans une page intitulée *Louis II poète*.

> Les *Poésies de Richard Wagner*, publiées à Berlin en 1905[1], renferment un nombre important de pièces adressées à « l'ami royal ». Ce sont, en général, des remerciements de forme lyrique. De Hohenschwangau, le 18 novembre 1865, est datée une sorte d'élégie intitulée *Larmes du Départ*. Mais le roi s'essayait, lui aussi, à répondre à Wagner dans la langue des dieux. L'éditeur du recueil a obtenu du prince-régent l'autorisation de publier une de ces poésies. Elle est intitulée *A mon ami* et porte la date du 19 septembre 1864. […] Comme on le voit, l'inspiration est banale et courte. Louis II n'était pas né poète. Il ne semble d'ailleurs pas qu'il ait multiplié les essais littéraires, et c'est une grande preuve de sagesse qu'il a donnée.

Louis II était meilleur bâtisseur que poète, et davantage ami exalté qu'écrivain. On se rend par ailleurs bien compte à lire ces quelques vers certifiés de sa plume que le roi n'a jamais pu écrire le poème hermétique déjà évoqué que le *Décadent* lui a attribué[2].

---

[1] *Gedichte von Richard Wagner*, mit Einführung von C. Fr. Glasenapp und dem textkritischen Anhang, Berlin, Grote'sche. Berlin., 1905
[2] Le poème *Vœu*, voir la page 35 de la présente édition.

Richard Wagner — Poème autographe

Original de 1872 — Traduit en 1903

Terminée l'œuvre nouvelle,
Comme je la portais dans mes rêves,
Comme ma volonté me la montrait,
Quand des années anxieuses ont opprimé
La poitrine de l'homme mûrissant,
Du souffle des nuits d'hiver
Avec les forces de l'amour et du printemps
L'ont poussée vers la lumière :
Qu'elle se présente fièrement
Comme hardi monument royal
Et brille superbe dans le monde.

Commentaires

Les quotidiens parisiens *Le Ménestrel* du 30 août 1903 et *Gil Blas* du 31 août 1903 présentaient à leurs lecteurs la traduction de la petite poésie par laquelle Richard Wagner avait accompagné, le 25 août 1872 l'envoi de l'esquisse autographe pour orchestre du troisième acte du *Crépuscule des Dieux*, qu'il avait adressée au Roi à l'occasion de son anniversaire. Cette poésie venait alors d'être publiée à Munich. Ces journaux ajoutaient en commentaire que ces vers du maître ne péchaient précisément pas par leur modestie. Ils précisaient aussi que « ces vers et l'autographe étaient inconnus ; on les a trouvés parmi les papiers de l'infortuné Roi Louis. »

Wagner dédia l'œuvre nouvelle au Roi en la qualifiant de « hardi monument royal ».

Elisabeth d'Autriche — Salut de la mer du Nord

1885

A toi l'aigle, là-haut sur les montagnes
La mouette de la mer
T'envoie un salut des vagues écumantes
Vers les hauteurs des neiges éternelles[1]

En mai 1884, Elisabeth, impératrice d'Autriche et reine de Hongrie, mieux connue sous l'appellation de Sissi (ou de Sisi), se rendit incognito à Amsterdam, sous le pseudonyme de comtesse de Hohenems, pour y rendre visite pour raisons de santé[2] au célèbre médecin Johann Georg Mezger. Le 9 mai, elle visita en compagnie de sa fille Valérie et de sa suite la station balnéaire de Zandvoort pour y faire une longue promenade le long de la plage. Elle y dîna à l'hôtel de luxe récemment construit par Kaufmann, dans lequel séjourna du 18 mai au 10 juin. L'année suivante, elle revint à Zandvoort avec sa suite et pris ses quartiers dans la somptueuse villa de M. Ricard.

Dans sa biographie de l'impératrice, le comte Egon César Corti cite ce petit poème que Sissi dédie à son cousindepuis Zandvoort. « Élisabeth, écrit-il, se plaît à suivre pendant des heures les gracieux ébats des mouettes et il lui semble elle-même être une mouette, avide de liberté et planant au-dessus des vagues. La reine des flots se souvient de Louis II de Bavière, aigle, roi des montagnes, qui hante les crêtes arides et solitaires. » La traduction française de la monographie du comte Corti modifient l'ordre

---

[1] Traduction L.-H. Roger
[2] L'impératrice souffrait de sciatique.

de l'énonciation du texte, nous avons choisi d'en proposer notre propre version.

Les échanges poétiques entre le Roi de Bavière et sa cousine ont souvent été cités par leurs biographes. Elisabeth et Louis II se rencontraient volontiers seule à seul sur la petite île aux roses située à quelques encablures du rivage du lac de Starnberg, non loin du château de Possenhofen. Et lorsqu'ils ne pouvaient se retrouver, ils y déposaient un message qui prenait souvent la forme d'un poème. Ainsi Sissi écrivit-elle à Louis le 20 juin 1885 ce texte que nous traduisons :

Nous nous étions une fois rencontrés
Avant l'éternité grise
Au miroir du plus beau des lacs
Alors que fleurissaient les roses.

Nous nous sommes déplacés silencieusement côte à côte
Plongés dans un profond repos
Il n'y avait là qu'un Noir[1] qui chantait ses chansons dans une petite barque.

L'an d'après, Elisabeth, alarmée de ce qui se tramait en Bavière, revint à Possenhofen. Et lorsqu'elle apprit la fin tragique de son cousin, elle écrivit un poème qu'elle confia à son journal[2] où elle le compara une dernière fois à l'aigle : alors qu'autrefois il volait à des hauteurs inouïes auprès du dieu soleil, il gît à présent à terre et c'est un rayon de lune qui joue avec son cadavre. Le soleil s'est retiré et au ciel ce sont les étoiles qui pleurent Louis II.

---

[1] Le petit serviteur noir de Sissi.
[2] Ce poème élégiaque figure dans la traduction par Nicole Casanova du journal poétique de l'impératrice qui a été publié aux Éditions du félin, à laquelle nous renvoyons.

Karl Heinrich Ulrichs — Les Cyprès

Chants à la mémoire de Louis II, Roi de Bavière
1887

SIX DISTYQUES

Permets que j'orne ta tombe de ces cyprès funèbres, laisse-moi ceindre de ces couronnes de lierre le front de tes statues !

Les flots t'apportèrent la paix. Tu as créé de sublimes visions. Ton nom, que la poésie rendra victorieux, deviendra illustre.

Pourquoi ai-je dû subir ces épreuves si douloureuses ! Je fus terrassé par la foudre du destin. Que vos pleurs consolent mes ossements !

La vague azurée du lac fut pour toi le passage suprême vers le salut. C'est là que s'ouvrirent pour toi les portes de la paix.

Brisant tes chaînes, tu cherches le sommeil éternel dans les flots, et, indomptable, tu foules aux pieds le sort funeste.

« Je fus roi ! Je ne serai jamais l'ombre d'un roi. Me rendre au royaume des ombres, voilà ce qui me convient désormais. »
Dans ta colère indignée, tu recherches les royaumes redoutables.

LA VILLA ROYALE DE BERG

La vague murmure en chantant, résonne et en battant les berges s'en revient aux rives incurvées avec un chant léger.
L'onde murmure "Sois en paix".
"Repose-toi", susurre la vague légère.
Peut-être est-ce pour toi qu'elle verse ses doux murmures ?
L'écume blanche résonnante s'insinue lentement avec des couronnes ondulantes, chantant le sommeil silencieux et la douce torpeur.
Le lac reste immobile, resplendissant depuis les cimes, teint de la couleur du ciel, cachant derrière un voile céruléen de mystérieux silences.
Une naïade toute mouillée ondoie dans le lac et chante dans l'onde fluide : "Ici se trouve la paix."
Et la vague chante : "Viens ! As-tu entendu ? « Partons !
Ici la porte de l'oubli du Léthé s'ouvre à ton coeur.
Ici au-dessous des eaux est la voie. Tu as entendu.
Les flots t'ont servi de vaisseau vers la liberté

LE CHÂTEAU DE HOHENSCHWANGAU

Ils ont pénétré dans ton intimité la plus secrète et t'ont arraché le sceptre paternel des mains, ô roi.
Celui qui soutenait le royaume, celui qui était ceint du diadème est à présent emprisonné par une foule de gardiens. Ils t'ont privé de tous les cœurs qui t'avaient juré fidélité.
De quelle manière ont-ils abattu ton corps frémissant !
Il ne peut pas supporter les barrières et perçoit les chaînes cachées.

« Alors je serai prisonnier ?
Est-ce qu'ils forcent mon cou à passer sous le joug ?
Espèrent-ils que je serai docile ? »
Il claque des dents, pâlit et gémit. Et tous ces gémissements secouent sa poitrine tourmentée :

« N'y aura-t-il pour moi..., n'y aura-t-il vraiment pas de salut pour moi ? »

LE DERNIER CHANT POUR LA MÈRE

Son dernier salut, c'est sa Naïade qui te l'adresse.
"Voilà la paix", a-t-elle chanté sous les ondes :
ces paroles et ses lamentations extrêmes, et ses mots d'adieu, il les a entendus.

Commentaires

Le journaliste et juriste allemand Karl-Heinrich Ulrichs (28 août 1825[1] - 14 juillet 1895, L'Aquila) est considéré aujourd'hui comme un pionnier de la sexologie et un précurseur du militantisme homosexuel et des mouvements d'émancipation LGBT qui émergèrent en Europe au milieu du 19e siècle.

Il lança une théorie biologique du troisième sexe (le terme « homosexualité » n'est alors pas encore forgé), théorie résumée dans l'expression « une âme de femme dans un corps d'homme ». Il fut l'un des premiers à évoquer positivement et scientifiquement (- au sens des sciences humaines -) une théorie de l'attirance sexuelle entre personnes de même sexe. Les mots homosexuel et hétérosexuel n'apparaissant qu'à partir de 1869, Ulrich parlait quant à lui de personnalités ou de types uraniens et dionysiens.

Il publia ses études d'abord sous le pseudonyme de Numa Numantius, puis sous son vrai nom, ce qui, par là même, eut pour effet de rendre son orientation sexuelle publique.

En 1866, la Prusse de Bismarck envahit et annexa le royaume de Hanovre : Ulrichs fut alors accusé d'activités subversives et emprisonné. Ses écrits furent saisis.

Il est aujourd'hui considéré comme le premier homosexuel à avoir fait son coming out. Il fut contraint de s'exiler en Italie, où il mourut.

---

[1] Ulrichs est né un 25 août, qui est aussi la date de naissance du Roi de Bavière

Cupressi – Les cyprès

En 1886, peu de temps après la mort du roi Louis II, Ulrichs publia un recueil de poèmes élégiaques partiellement consacrés à la mémoire du roi Louis II de Bavière, et entièrement composés en latin. Ce recueil ne rencontra pas un grand lectorat, sans doute parce que la langue en était trop élitiste.

On comprendra aisément que Ulrich ait montré de la sympathie et de la compassion pour le roi qui s'était vu privé de liberté et avait été emprisonné dans sa villa de Berg sur le Starnberger See, et dont l'homosexualité, si elle était tue dans les milieux officiels, était largement connue. Ainsi termina-t-il son 5ème poème, *Villa regia Berg (La villa royale de Berg)*, par le vers « Caerula linter ad libertatem sic fuit unda tibi » (« Les flots te servirent de vaisseau vers la liberté »).

Les poèmes à la mémoire du roi Louis II occupent seulement la moitié d'un mince volume qui ne fait que 18 pages, ils suivent la traduction en latin de poèmes de Goethe, *Ueber allen Gipfeln ist Ruh*, et un long poème qu'Ulrichs consacra à sa propre enfance en Frise orientale.

Il termina la traduction de ce recueil en décembre 1886, le fit imprimer et en expédia des copies aux librairies et aux journaux en février 1887. *Cupressi* fut publié par Pinn en 1887 sous le titre *Cupressi : carmina in Memoriam Ludovici II. Regis Bavariae ; † 13. Junii 1886 ; additis: Cantu sepulcrali, idyllio elegiaco "Ex infantia" et versibus in tumulum pueri*. Ces poèmes furent traduits en anglais (M. Lombardi-Nash). Nous en proposons notre propre traduction en français, que nous avions déjà publiée dans *Des Fleurs pour le Roi Louis II de Bavière*.

En fin de recueil, Karl Heinrich Ulrichs (latinisé en Carlo Arrigo) situe le lieu de leur écriture : les poèmes consacrés à la mort du roi Louis II ont été écrits à L'Aquila, sous le ciel d'Italie, où germe le myrte sacré dont le verdoiement couronne la vigne, où le ciel resplendissant s'ouvre pour contempler le marbre antique et les ruines, les colonnes doriques qu'enserre le lierre et les temples de Vesta. Ulrichs date et signe : fait à l'Aquila, aux bords du fleuve Aterno, entre les monts et les rochers des Apennins, au mois de décembre 1886.

La symbolique du cyprès

Depuis l'antiquité grecque le cyprès symbolise la vie éternelle : son feuillage est toujours vert, toujours il est porteur de fruits ; son bois, quasi imputrescible, a une odeur d'encens. Il fut utilisé pour la fabrication des cercueils des papes, souvent aussi pour ceux des dignitaires civils ou religieux et autres grands de ce monde. Dans tout le midi méditerranéen, il est l'arbre des cimetières, associé à la mort. De là viennent les expressions « dormir sous un cyprès », c'est-à-dire être mort, et « le cyprès, on l'aime mieux de loin que de près ». Chez Ulrichs, qui connaît bien évidemment la légende des amours d'Apollon et de Cyparisse, le cyprès a très certainement aussi une connotation homosexuelle.

La mythologie grecque, et plus tard les *Métamorphoses* d'Ovide racontent l'histoire de Cyparissos ou Cyparittos (« le cyprès »), le jeune fils du roi de Chios qu'aimait le dieu Apollon, dieu de la poésie et du soleil. Lors d'une chasse, Cyparisse transperça par erreur d'un javelot acéré un cerf resplendissant d'or et d'autres pierres précieuses protégé par les nymphes. Lorsqu'il réalisa ce qu'il avait fait, il fut rempli d'horreur et souhaita de mourir aux côtés du cerf qu'il avait tué. Il demanda au dieu dont il était aimé de verser des larmes éternelles. En réponse à cette demande, il fut transformé en cyprès, un arbre pointé et tendu vers le ciel pour y rejoindre son amant.

Bibliographie

Apollinaire, Guillaume,
    Alcools, Mercure de France, 1913.
    Le poète assassiné, contes, Paris, Bibliothèque des Curieux, 1916.
    L'oeuvre libertine des poètes du XIXe siècle, (sous le pseudonyme de Germin Amplecas), Paris, Bibliothèque des curieux, 1918.

Bac, Ferdinand, *Le voyage romantique. Chez Louis II, roi de Bavière*, Paris, Charpentier, 1910

Bainville. Jacques,
    Louis II de Bavière, Paris, Librairie Académique Didier Perrin et Cie, 1900.
    L'Allemagne romantique et réaliste ; Louis II de Bavière ; Bismarck et la France ; Petit musée germanique (Édition définitive), Paris, A. Fayard et Cie, 1927.

Bigot-Frieden, Barbara,
    Les Invoqués, éditions Maïa, 2018.
    Silence Saudade, éditions du chat polaire, 2020.

Bivort, Olivier, *Don Pablo Maria de Herlañes ou la ferveur espagnole de Verlaine*, EUT (Edizioni Università di Trieste), 2006.

Corti, Egon Caesar, comte, *Elisabeth, impératrice d'Autriche, d'après les écrits laissés par l'impératrice, les journaux intimes de sa fille et d'autres journaux et documents inédits*. Traduit de l'allemand par Marguerite Diehl, Paris, Payot, 1936.

Elisabeth d'Autriche, *Le journal poétique de Sissi*, traduit par Nicole Casanova, Éditions du Félin, 2009.

Gérardy, Pierre,
   Pages de joie, Liège, Presses de Floréal, s.d. [1893].
   Roseaux, Paris, Mercure de France, 1898.

Gilbert, Pierre, *La forêt des cippes : essais de critique...*, Paris, E. Champion, 1918.

Goffin, Robert,
   L'épopée des Habsbourg : Charlotte, l'impératrice fantôme, Paris, Les Éditions de France, 1937.
   L'épopée des Habsbourg : Elisabeth, l'impératrice passionnée, Paris, Les Éditions de France, 1939.
   Sang bleu, Gallimard, Collection Blanche, 1939.
   L'envers du feu, Paris, Chambellan, Éditions Saint-Germain-des-Prés, s.d.

Horemans, Jean-Marie, *Robert Goffin, le poète au sang qui chante*, Charleroi, Éditions Institut Jules Destrée, 1976.

Kufferath Maurice, *Le théâtre de R. Wagner : de Tannhaeuser à Parsifal : essais de critique littéraire, esthétique et musicale*, Bruxelles, Schott frères, Paris, Fischbacher, Leipzig, Otto Junne, plusieurs volumes de 1891 à 1899.

Le Carbonnel, Louis, *Poèmes*, Paris, Mercure de France, 1904.

Loodgieter Léa, Paris, Pauline, *Les dessous lesbiens de la chanson*, avec des illustrations de Julie Feydel, éditions iXe, 2019.

Mendès, Catulle,
Le Roi Vierge, (1881), réédition Obsidiane, préface de Hubert Juin, 1986..
Rapport à M. le ministre de l'Instruction publique et des beaux-arts sur le mouvement poétique français de 1867 à 1900, Paris, Imprimerie nationale, 1902.

Montesquiou, Robert de, *Les Chauves-Souris, Clairs obscurs*, édition privée, ornée de dessins de Whistler, Antonio La Gandara (de), Jean-Louis Forain et Hōsui Yamamoto, Paris, Richard, 1892.

Louvier, Nicole, *Qui qu'en grogne*, La Table ronde, 1955.

Nola, Jean-Paul de, *Robert Goffin poète*, Paris, Éditions Nizet, 1973.

Retté, Adolphe, *Le symbolisme, anecdotes et souvenirs*, Paris, Librairie Léon Vannier, 1903.

Richard, Noël, *Louis Le Cardonnel*, Paris, M. Didier, Toulouse, E. Privat, 1946.

Roger, Luc-Henri,
Des Fleurs pour le Roi Louis II de Bavière, BoD, 2019 (épuisé).
Louis II de Bavière. Le cygne des Wittelsbach, BoD, 2019.
Les Voyageurs de l'Or du Rhin, BoD, 2019.
Marie Kalergis-Mouchanoff, née Nesselrode. Itinéraires et correspondance de la Fée blanche, BoD, 2020.

Ulrichs, Karl Heinrich,
Cupressi: Carmina in memoriam Ludovici II Regis Bavariae, Berlin, 1887.

A Casket of Cypress Wood: Lyric Poems in Memory of Ludwig II, King of Bavaria. 1887 ; trans. M. Lombardi-Nash. 2nd ed. Jacksonville, Florida, Urania Manuscripts, 2000.

Verlaine, Paul,
  Amour, 1888.
  Choix de poésies, Bibliothèque Charpentier, 1891.
  Hombres (sous le pseudonyme Pablo de Herlagnez), 1891, puis chez Albert Messein en 1903.
  Correspondance de Paul Verlaine : publiée sur les manuscrits originaux. T. 3, Paris, Albert Messein, 1922-1929.

Wagner, Richard, *Gedichte von Richard Wagner*, mit Einführung von C. Fr. Glasenapp und dem textkritischen Anhang, Berlin, Grote'sche, 1905.

Walch, Gérard, *Poètes d'hier et d'aujourd'hui*, Paris, Librairie Delagrave, 1916.

Werbrouck, Olivier, Zouba, Georges, *Chaos & Éclats*, Édilivre, 2017.

Table des matières

Avant-propos 7
Introduction 19
Poèmes de France et de Belgique 25
    Paul Verlaine — À Louis II 27
    Louis II de Bavière — Vœu 35
    Paul Verlaine — Hombres 39
    Robert de Montesquiou — Rex Luna 43
    Paul Gérardy— D'orgueil 97
    Louis Le Cardonnel — A Louis II de Bavière 101
    Apollinaire — La Chanson du Mal-aimé 107
    Robert Goffin — Le Roi des Cimes 111
    Nicole Louvier — Gentil Roi de Bavière 123
    Barbara Bigot-Frieden — Hommage à Louis II   130
    Georges Zouba — Louis II de Bavière 135
Poèmes traduits 141
    Richard Wagner— Poème au Roi 143
    Louis II de Bavière- À mon ami 147
    Richard Wagner — Poème autographe 149
    Elisabeth d'Autriche — Salut de la mer du Nord ... 151
    Karl Heinrich Ulrichs — Les Cyprès 153
Bibliographie 159